制造业卓越质量工程学习辅导百问

工业和信息化部电子第五研究所
中国信息通信研究院
中国电子技术标准化研究院
编著

人民邮电出版社
北京

图书在版编目（CIP）数据

制造业卓越质量工程学习辅导百问 / 工业和信息化部电子第五研究所，中国信息通信研究院，中国电子技术标准化研究院编著. -- 北京 : 人民邮电出版社，2024.
ISBN 978-7-115-65555-4

Ⅰ. F426.4-44

中国国家版本馆 CIP 数据核字第 20248EJ791 号

内 容 提 要

2023 年 12 月，工业和信息化部等三部门联合印发《制造业卓越质量工程实施意见》，提出“以制造业卓越质量工程实现产品高质量、企业现代化、产业高端化”。本书以问答的形式，聚焦《制造业卓越质量工程实施意见》及《制造业企业质量管理能力评估规范》，覆盖质量相关基础知识及质量管理的发展、政策出台背景、评估规范出台背景及其主要内容、质量管理体系有效性、质量管理数字化、持续成功的能力、质量绩效、标准附录八个方面，设置 100 余个问题，全方位解读制造业卓越质量工程，解析制造业企业质量管理能力的评价标准。

本书讲解详细，可为希望提升质量管理水平的政府部门和行业协会的相关人员提供参考，也可帮助制造业企业管理人员和技术人员加深对先进质量管理体系标准的理解，助力制造业企业向卓越质量攀升，推动制造业迈向价值链中高端，夯实“中国制造”的质量基础。

◆ 编　　著　工业和信息化部电子第五研究所
　　　　　　中国信息通信研究院
　　　　　　中国电子技术标准化研究院
　责任编辑　韦　毅
　责任印制　马振武

◆ 人民邮电出版社出版发行　　北京市丰台区成寿寺路 11 号
　邮编　100164　　电子邮件　315@ptpress.com.cn
　网址　https://www.ptpress.com.cn
　北京捷迅佳彩印刷有限公司印刷

◆ 开本：720×960　1/16
　印张：11.5　　　　　　2024 年 11 月第 1 版
　字数：114 千字　　　　2024 年 11 月北京第 1 次印刷

定价：49.80 元

读者服务热线：(010)81055410　印装质量热线：(010)81055316
反盗版热线：(010)81055315
广告经营许可证：京东市监广登字 20170147 号

本书编写人员

王　勇　　　敖　立　　　刘贤刚

（以下按姓氏笔画为序）

王　索	王　韬	王妮娜	王春辉
王洪玲	尹会会	宁　华	伍丽玫
刘小茵	刘伟明	李　涛	李旭波
李俊宏	杨　旭	杨　玫	杨　檬
张　延	张国英	陈　勇	武泽华
林　宁	周　翼	赵　彤	胡越男
段　淼	姚延丰	唐　葵	涂珍兰
黄绍娜	盛秀婷	傅郭鑫	

前言

当前，新一轮科技革命和产业变革深入发展，新一代信息技术加速突破，引发质量理念、机制和实践的深刻变革，赋予卓越质量更多的时代特征和内涵要求。为顺应广大人民群众消费升级的需求和对美好生活的更高期待，制造业企业不断深化应用先进质量管理方法，企业质量效益得到改善。但因缺乏迈向卓越质量的路径和方法，部分制造业企业质量管理水平仍然不高，“中国制造”依然处在价值链中低端，与高质量发展要求不相适应。为此，必须坚定不移地走以质取胜的发展道路，着力追求卓越质量。为帮助我国制造业企业更好地掌握质量管理的方法和技巧、提高产品质量，我们精心编写了《制造业卓越质量工程学习辅导百问》一书，希冀为广大制造业企业提升质量管理水平提供实用指南。

本书围绕制造业质量管理水平提升，覆盖质量相关基础知识及质量管理的发展、政策出台背景、评估规范出台背景及其主要内容、质量管理体系有效性、质量管理数字化、持续成功的能力、质量绩效、标准附录八个方面，设置100余个问题，并结合制造业企业质量管理实际进行了深入探讨和解答。本书适合希望提升质量管理水平的政府部门和行业协会的相关人员阅读，能帮助他们掌握制造业质量管理的发展情况、制造业质量发展趋势；也适合制造业企业管理人员和技术人员阅读，能更好地引导企业、供应商和用户开展贯标评级，促进在全行业推行“卓越质量”理念。

本书的编写人员是来自工业和信息化部电子第五研究所、中国信息通信研究院、中国电子技术标准化研究院质量领域的专家，他们凭借丰富的理论知识和实践经验，全方位解读制造业卓越质量工程，解析制造业企业质量管理能力评估规范，为广大制造业企业提供了一份全面、实用、易懂的质量管理参考资料。我们希望本书的出版，能够助力制造业企业掌握向卓越质量攀升的核心要义和关键技能，推动制造业迈向价值链中高端。同时，也希望本书能够引导读者对质量管理有全新的认知，在全社会营造重视卓越质量的良好氛围。

在此，衷心感谢所有参与本书编写、审稿和出版工作的同志。由于时间和水平有限，书中难免存在不足之处，敬请广大读者批评指正。

本书编写团队

2024 年 9 月

目录

一、质量相关基础知识及质量管理的发展

四、质量管理体系有效性

五、质量管理数字化

六、持续成功的能力

七、质量绩效

一、质量相关基础知识及质量管理的发展

1. 质量的定义和内涵是什么?

国际标准化组织（International Standards Organization，ISO）对质量的定义是“一组固有特性满足要求的程度”。质量的内涵是多维度的，“符合性”“适用性”“经济性”是其三个核心方面。

一是“符合性”。由美国质量管理专家克劳斯比从生产者的角度提出，“质量是产品符合规定要求的程度”。“符合性”要求产品必须能够满足顾客明示的要求、行业标准及相关法律法规的要求。

二是“适用性”。由美国质量管理专家朱兰博士从顾客的角度提出，强调“产品质量重在其使用过程中的顾客满意度”。“适用性”要求不仅满足顾客明示的要求，还要满足顾客虽然没有明示，但规定的用途或已知的预期用途所必需的要求，如产品安全性、可靠性、可维护性等方面的要求。

三是“经济性”。付出最小的成本，获得最多的收益，始终是顾客最明确的需求。“经济性”反映了质量成本与收益之间的关系。质量的“经济性”要求产品在满足“符合性”和“适用性”的前提下，进一步优化资源投入和价值产出，以最大程度满足顾客的需求。

2. “质量为先”的内涵是什么？

“质量为先”是一种质量管理哲学，对制造业企业而言，意味着要将产品质量作为确保企业发展的首要目标和最高追求。

一是质量应作为战略核心。企业在战略规划和执行各个层面都应将质量视为优先考量的因素。无论是产品设计、原材料选择、生产工艺，还是售后服务，都要以实现高标准的质量作为目标和指引。要以高质量的产品赢得顾客，并带动企业的发展。

二是充分了解顾客需求。“质量为先”是基于顾客需求和市场导向的。企业应深入了解顾客期望，并以顾客的需求引领企业内部的质量管理，指导质量管理资源的有效分配和利用，确保提高顾客满意度和忠诚度。

三是领导的重视。高层领导对质量的承诺和重视是“质量为先”战略成功的关键。在企业运作过程中，质量、成本与效率之间发生“冲突”在所难免，只有高层领导充分重视，才能确保“质量为先”这一管理理念在企业内部得到真正的落地。

四是开展全过程质量管理。“质量为先”的管理理念，要求企业将质量作为企业生存与发展的基础。这意味着企业不能仅依靠最终检验确保产品的质量，而是要将质量管理的要求落实到研发设计、生产、检验、供应链管理、市场销售和顾客服务等每一个环节中，实现从源头避免发生质量问题。

五是持续改进。“质量为先”的管理理念，意味着企业应始终坚持将产品质量问题放在管理工作的第一位，通过加强质量管理，开展持续改进，确保产品质量的稳定和不断提升。

3. 如何理解实施制造强国战略必须贯彻“质量为先”的基本方针？

“质量为先”就是坚持将质量作为建设制造强国的生命线，强化企业质量主体责任，加强质量技术攻关、自主品牌培育。建设法规标准体系、质量监管体系、先进质量文化，营造诚信经营的市场环境，走以质取胜的发展道路。实施制造强国战略必须贯彻“质量为先”的基本方针，主要原因如下。

一是质量是竞争力的核心。“质量为先”强调高质量产品是制造业企业打造竞争力的根本。在全球化市场中，只有优质的产品才能赢得消费者信任和较高的市场份额，支撑企业持续发展。

二是质量是产业结构调整和升级的重要推动力。通过提高产品质量，可以逐步淘汰低效产能，促进产业链向高端环节延伸，实现制造业从数量扩张向质量提升的转变。

三是“质量为先”有助于提升品牌价值和国家形象。高质量的产品有助于塑造企业乃至国家的品牌形象。“中国制造”要走向世界，必须依靠过硬的质量赢得国际声誉，提升“中国制造”品牌的全球影响力。

四是“质量为先”有助于实现可持续发展。制造强国战略所提到的“质量为先”，不仅关注产品本身的质量，还关注对生产过程的环境保护和对资源的高效利用。“质量为先”意味着企业要致力于绿色制造，减少污染，实现可持续发展，这也是国际市场的准入门槛和消费者的新期待。

五是“质量为先”有助于实现产业链协同进步。“质量为先”的管理理念要求企业不仅重视自身的质量管理，还要严格约束并积极扶持其供应链提升质量管理能力。贯彻“质量为先”，有助于产业链上下游企业建立基于质量的、稳定的供应链合作关系，确保原材料、部件和外包服务的质量，避免低质低价的短视经营行为，确保产业链供应链持续健康发展。

4. 如何从“保障质量观”转变到“引领质量观”？

“保障质量观”是基于“符合性”质量概念，以符合现行标准的程度作为产品质量的衡量依据，主要通过检测计量等技术手段事后把关，以监管促质量提升；而“引领质量观”是基于“适用性”质量概念，以产品的质量特性满足顾客需求的程度作为产品质量的衡量依据，质量提升活动在产品全生命周期内开展，质量成为企业的核心竞争力。

从“保障质量观”到“引领质量观”的转变，实质上反映了企业质量管理的核心和重点从被动改善质量问题、确保产品质量稳定向主动引导顾客需求、通过变革与创新超越顾客期望的转变。这是质量理念的提升，更是质量管理策略的全面升级。可以通过以下策略实现这一转变。

一是转变质量目标。“保障质量观”的核心目标是保障质量不出问题；“引领质量观”的核心目标是把质量作为核心竞争力，以质量引领企业发展。只有树立更高的质量工作目标，才能真正落实“引领质量观”。

二是管理创新。“保障质量观”构建的标准体系、监管体系、检测计量体系等，都是从严守质量底线的角度出发的，需要在“引领质量观”的理念指导下全面创新和发展，建立“质量为先”的管理理念，配套先进的质量管理体系。

三是技术创新。通过技术创新提升产品高端化、智能化、绿色化水平，将先进的质量技术和先进的质量管理体系相结合，构建企业核心竞争力。

5. 质量管理的定义是什么?

GB/T 19000—2016《质量管理体系　基础和术语》中对“质量管理”的定义是: 质量管理可包括制定质量方针和质量目标，以及通过质量策划、质量保证、质量控制和质量改进来实现这些质量目标的过程。也可以理解为，质量管理是一种通过计划、组织、指挥、协调和控制等手段，对企业的质量活动进行计划和控制，以满足顾客需求的一种管理活动。从质量管理的定义中，我们可以看出以下几点。

一是质量管理是一项系统工程。它以质量目标为导向，通过对质量活动的计划、组织、指挥、协调和控制，以及持续改进，来保证和不断提高产品质量。企业在实施质量管理时，应该将其视为一个复杂的系统工程，它由许多环节组成，环节之间相互关联、相互依赖。

二是质量管理的根本目的是满足顾客的需求。只有坚持以满足顾客的需求为根本目的，把满足顾客的需求作为企业质量管理活动的出发点和归宿，才能真正把企业的经营活动与社会经济发展紧密联系起来，使企业在市场竞争中立于不败之地。

6. 质量管理有哪些基本原则?

质量管理的基本原则是企业在实施质量管理时所遵循的核心理念和方法，它们是质量管理实践经验和理论研究的总结。GB/T 19000—2016《质量管理体系　基础和术语》中提出了七项质量管理原则，分别如下。

一是以顾客为关注焦点。企业应把顾客满意作为核心驱动力，理解顾客当前和未来的需求，满足顾客要求并努力超越顾客期望。

二是领导作用。领导者应以强有力的方式全面推行质量管理，建立企业统一的宗旨、方向和内部环境，使员工充分参与实现组织目标的活动。

三是全员积极参与。企业应确保所有员工在参与质量工作时，明确权限和职责，利用其知识、经验参与决策和过程改进。

四是过程方法。企业应将活动作为过程进行管理，通过建立、控制和保持文件化的过程，识别过程的顾客和供方，追求资源的有效使用。

五是改进。企业应通过管理评审、内外部审核以及纠正预防措施，持续地改进质量体系的有效性。

六是循证决策。企业应以审核报告、纠正措施、不合格品、顾客投诉等实际数据和信息，作为质量管理决策和行动的依据。

七是关系管理。企业应充分识别相关方的需求，合理开展相关方管理，促进相关方与企业实现共赢。

7. 质量管理对制造业企业的作用是什么？

质量管理对制造业企业的作用主要体现在以下几个方面。

一是提升产品和服务质量。通过建立质量管理体系，践行七项质量管理原则，企业可实现产品和服务质量水平的不断提高。

二是降低成本。通过质量管理，企业可以减少废品和返工，降低生产成本，提高资源利用效率。

三是提高生产效率。质量管理有助于优化生产流程，减少不必要的延误和浪费，从而提高生产效率。

四是满足法规要求和顾客需求。质量管理可帮助企业遵守相关的法规要求、行业标准，充分识别顾客需求，避免法律风险，提高顾客满意度和忠诚度。

五是树立企业形象。良好的质量管理能够提升企业的品牌形象和声誉，吸引更多的顾客和合作伙伴。

六是促进创新和发展。质量管理为企业提供了一个系统化识别、实施产品和工艺创新的方法，并通过规范化的研发流程控制，为企业创新发展奠定了基础。

七是增强企业竞争力。通过质量管理，企业可以快速响应市场变化，提供高质量的产品和服务，从而在激烈的市场竞争中脱颖而出，提高市场竞争力。

总之，通过实施有效的质量管理，制造业企业能够在保证产品和服务质量的同时，实现可持续发展和长期成功。

8. 质量管理的发展可以划分为哪几个阶段？

在工业化时代以前，大规模的工业生产尚未开展，手工作坊主要依靠操作者的经验和手艺对质量进行把关。进入工业化时代后，原适用于手工作坊模式的手段方法难以满足大规模生产的需要，发达国家在实践中逐步总结发展出了更为科学和系统的质量管理之路，通常分为质量管理检验阶段、统计质量控制阶段、全面质量管理阶段和卓越质量管理阶段。

质量管理检验阶段起始于20世纪初，是质量管理的初级阶段。当时，人们对质量管理的理解还只限于质量的检验，质量检验所使用的是各种检测设备和仪表，主要特点是以事后检验为主。其间，美国产生了以泰勒制为代表的科学管理理论，主张在人员中进行分工，由此出现了独立、专职的质量检验部门。但这种质量控制属于事后检验把关，并不能提升产品质量，也无法在生产中起到预防和控制作用。质量检验的广泛应用，使得美国企业系统地提升了生产效率，加强了产品质量控制，最终美国在20世纪初确立了在全球工业领域的领先地位。20世纪20年代，美国的休哈特、道奇和罗米格分别提出了控制图、抽样检验表和抽样检验方案，最早将数理统计方法引入质量管理，使质量管理推进到新阶段。

统计质量控制阶段形成于20世纪40年代到50年代。在第二次世界大战期间，由于事后检验无法满足战争所需武器弹药的质量要求，美国国防部决定把统计技术用于质量管理，基于休哈特、道奇和罗米格的理论，制定了一批美国战时的质量管理标准。第二次世界大战结束后，美国为了支援欧洲各国，许多企业扩大了生产规模，由军及民进一步推行质量管理统计方法。同时，法国、德国、日本等国家都开始推行统计质量管理，并取得了实效。到20世纪50年代，美国涌现了戴明、朱兰等质量管理专家，相继提出了“戴明十四法”和“质量计划、质量控制和质量改进”三部曲等，统计质量管理到达了鼎盛时期。在这一阶段，美国工业产品占据了超过一半的全球市场份额，其制造业全球占比达40%，这支撑美国扩张为超级大国。

全面质量管理阶段起始于20世纪60年代。20世纪50年代后，科学技术和工业生产快速发展，以火箭、宇宙飞船、人造卫星等为代表的大型、精密、复杂的产品出现，要求人们运用“系统工程”的概念，把质量问题作为一个有机整体加以综合研究，实施全员、全过程、全企业的管理。在此背景下，“全面质量管理”理论逐步形成并在全球范围内得到广泛的传播，国际组织和各国在此基础上提出了若干新理论与新方法，不断深化全面质量管理体系。例如，日本结合本国实际，大力实施“质量救国”战略，强调“以市场、顾客、消费者为中心”，动员企业的所有部门和人员，在设计、试制、生产、销售、服务的全过程中实现系统、全面的质量管理，极大地促进了日本经济的发展。到20世纪70年代末，日本涌现出大批具有强大竞争力的品牌和企业，日本轿车和家用电器等电子产品凭借其质量优势进入欧美市场。1987年，日本一度成为发达国家之首，人均国内生产总值超过美国。

卓越质量管理阶段起始于20世纪80年代后期，源自美国“马尔科姆·波多里奇国家质量奖”评审标准。卓越质量管理模式最初是用于评价世界级企业的成功管理实践，其核心在于强化组织的顾客满意意识和创新活动，追求卓越的经营绩效。这一阶段，美国全面推行卓越质量理念，并于1987年制定了《质量振兴法案》，设立“马尔科姆·波多里奇国家质量奖”，实施“卓越绩效评价标准”，全社会对质量的热情空前高涨，大部分企业开展了质量改进运动，并不断取得突破。20 世纪 90 年代至 2000 年，美国国内生产总值年均增长率达到 4%，巩固了其全球制造强国的地位。

9. 质量管理检验阶段的主要特征是什么？

质量管理检验阶段的主要特征如下。

一是职责分明。在质量管理检验阶段，质量检验部门被独立出来，质量控制形成了有人专职制定标准、有人专职负责制造、有人专职按照标准检验产品的格局。

二是事后检验为主。质量管理检验阶段的主要工作方式是事后检验，即产品制造出来后再进行检验，以筛选出合格品和不合格品。这种方式无法在生产过程中及时发现和纠正问题，导致生产效率和成本受到影响。

三是强调产品质量特征的检验。这一阶段的质量管理工作主要关注产品本身的特征，如尺寸、性能、外观等，通过检验这些特征来判断产品是否合格。

10. 统计质量控制阶段的主要特征是什么？

统计质量控制指使用统计技术进行质量控制，主要目标是保证所有工序生产出的产品质量特征值尽可能地等于或接近期望值。该阶段的主要特征如下。

一是利用数据统计原理对质量进行控制。统计质量控制通过收集和分析大量的数据，利用统计原理和方法，对生产过程中的质量特性进行监控和评估，以确保产品质量达到预定标准。

二是将事后检验变为事前控制。传统的质量控制方法是在产品生产完成后进行检验。统计质量控制检验方式则变为在每道工序之中进行抽样检验，强调生产过程中的质量监控，从而及时发现生产过程中的质量问题，并采取相应的措施进行纠正，实现事前控制，减少不合格品的产生。

三是强调过程预防。统计质量控制充分体现了现代控制理论的过程预防原则。它不仅关注产品质量的最终结果，而且更重视生产过程中的质量控制和预防。它强调通过建立有效的监控机制和预防措施，确保生产过程的稳定性和可靠性，从而提高产品质量和顾客满意度。

11. 全面质量管理阶段的主要特征是什么？

全面质量管理阶段重视人的因素，强调企业全员参与，在全过程的各项工作中研究质量问题。在这一阶段，方法、手段更加丰富，从而把产品质量真正管理起来。该阶段的主要特征如下。

一是全面质量控制。全面质量控制除了涉及产品质量，还涉及服务质量和工作质量等。全面质量控制强调不仅要保证产品质量，还要做到成本低廉、供货及时、服务周到等，追求价值和使用价值的统一、质量和效益的统一。

二是全过程管理。全过程是指将质量管理贯穿于产品开发、设计、生产、流通、使用、售后服务以及用后处置的所有阶段，注重提升各阶段的质量效果，以实现全过程质量效益的最大化。

三是全员参与。全员参与是指从企业高层管理者到基层员工，都是质量管理的直接执行者和改进者，都应当参与质量工作，提出创新性的建议，不断优化工作流程和产品设计，以持续提升企业的质量水平和竞争力。

四是方法的多样性。全面质量管理的方法不拘泥于统计方法、运筹学方法、管理学方法、心理学方法等，强调只要是能带来质量提升的方法皆可使用。

12. 卓越质量管理阶段的主要特征是什么？

在卓越质量管理阶段，企业能理解、满足并超越顾客对质量的感知和期望，为顾客提供卓越的、富有魅力的产品和服务。卓越质量管理阶段的主要特征如下。

一是质量管理体系更加全面。企业对全员、全要素、全过程、全数据的质量管理和产品全生命周期质量进行系统重构，驱动质量管理范式向数字化、体系化、系统化、精益化、零缺陷转型。

二是可持续发展能力更加强劲。企业通过战略的制定、实施、复盘和改进，最终实现与企业合作伙伴的战略协同；企业利用文化影响员工的思想意识和行为习惯；企业将数据作为企业的战略性资源进行管理，并最终成为具备竞争力的“数字企业”；企业从有效学习到成功创新，从自我创新到建立行业创新共享平台，成为行业技术领先者，促进行业发展。

三是质量管理数字化应用更加成熟。卓越质量引导新一代信息技术与质量管理融合应用，推动质量管理活动数字化、网络化、智能化升级，有效实现精确感知、精细管理、精益生产、精准预警、智能控制，增强产品全生命周期、全价值链、全产业链质量管理能力。

四是质量绩效表现更加优异。卓越质量引导企业释放创新驱动潜能，缩短产品研制周期，降低过程质量损失，增强整体经营绩效，带动经济效益增长，实现成本最优化、效益最大化，在市场需求变化及技术迭代中始终保持竞争优势。

13. 美国、日本、德国等发达国家有哪些质量管理经验?

美国、日本和德国在质量管理方面积累了先进的、丰富的经验。

美国既在质量管理领域有着悠久的历史，又在质量管理学术研究方面做出了贡献。

一是在早期，多位质量管理专家提出的理念对质量管理学产生了深远的影响，如休哈特提出质量控制的概念、戴明倡导“PDCA[1]循环”的改进理念、克罗斯比提出“零缺陷”理念及朱兰提出“质量三部曲”（质量计划、质量控制和质量改进）等。

二是1987年美国国会设立了“马尔科姆·波多里奇国家质量奖”。它为组织提供了一个清晰的框架，帮助它们识别自身的强项和弱点，并朝着更高的绩效水平迈进。该奖项不仅是对在质量管理方面取得卓越成就的企业的一种表彰，也是推动美国乃至全球制造业企业追求更高质量标准的重要动力。

三是提出了“六西格玛”管理技术。该管理技术通过减少过程变异性来提高产品和服务质量，其核心是强调数据驱动的方法和遵循证据来开展决策。该管理技术已经成为当代企业质量管理提升的核心技术之一。

日本在第二次世界大战后迅速崛起，成为全球制造业的领导者之一，并发展了一系列具有代表性的质量管理学说。

一是日本企业最早接受了戴明倡导的持续改进事项，并将“PDCA循环”作为日本企业改进质量的核心方法。

1 P即Plan，计划/策划；D即Do，实施；C即Check，检查；A即Act，处理/处置。

二是在 20 世纪 50 年代，日本质量管理专家石川馨提出质量控制小组（QCC 小组或 QC 小组[1]）的概念。作为一种非常有效的质量管理理念与方法，质量控制小组已经成为当今企业质量改进小组的代名词。

三是日本质量控制大师田口玄一提出了通过设计实验来优化产品的性能和减少生产过程中的变异性的田口方法。田口方法强调产品的稳健设计，即使在外部条件变化的情况下也能保持高质量。

四是日本企业最早提出“5S”管理方法。“5S”管理包括 5 个部分：整理（Seiri）、整顿（Seiton）、清扫（Seiso）、清洁（Seiketsu）和素养（Shitsuke）。这种管理方法不仅提升了工作环境的安全性和整洁度，而且通过持续改进和全员参与的方式，促进了生产效率的提高和产品质量的提升。

五是精益生产。精益生产最初是由日本丰田汽车公司发展起来的，后来被美国麻省理工学院的研究团队在一项名为“国际汽车计划”（International Motor Vehicle Program，IMVP）的研究中系统地描述和推广。精益生产的核心在于不断寻找改进的机会，消除浪费，并通过团队合作和文化变革来实现高效、灵活和可持续的生产方式。精益生产已经成为汽车等行业广泛采用的当代先进质量管理方法。

德国企业在质量管理方面以其严格的质量管理制度和在生产过程中遵循精益求精、注重细节而闻名。在质量管理经

---

1 QCC 即 Quality Control Circle，质量控制圈；QC 即 Quality Control，质量控制。

验方面，德国主要的贡献为率先提出“工业 4.0”的概念，并以此引导企业全面推动制造业的管理变革。“工业 4.0”是一个全面的战略计划，旨在通过信息技术和物联网技术的应用来重塑制造业。

14. 随着技术进步，质量管理方法有哪些新的发展趋势？

随着新一轮科技革命的深入发展以及质量理念、机制和实践的深刻变革，制造业质量管理方法也呈现出新的发展趋势，主要体现在以下几个方面。

一是在顾客需求导向管理方面，制造业企业可应用数字化工具收集和分析顾客需求，构建顾客画像，提供个性化产品，根据顾客反馈改善顾客体验和提升顾客满意度。

二是在产品研发创新管理方面，制造业企业可应用自动化设计和数字孪生技术，优化设计方案、缩短产品研发周期和上市时间；采用人工智能技术提高产品设计的创新性和实用性，满足顾客对产品多样化和个性化的需求。

三是在供应链协同管理方面，制造业企业可应用数字化供应链平台优化生产资源和物流资源配置，实时共享供应链质量数据，提高供应链响应速度，降低生产成本并提升采购产品质量。

四是在精益质量管理方面，制造业企业可应用人工智能技术优化生产流程，提高生产效率和操作精度；通过人工智能技术中的机器学习算法，提高质量检测的准确性并快速响应质量问题。

五是在绿色制造管理方面，制造业企业可应用数字化工具和人工智能技术，在产品生命周期内实现绿色制造，包括生态设计、原材料溯源、智能能源管理、废弃产品回收和再利用等。

六是在风险管理和持续改进方面，制造业企业可应用人工智能和数据分析技术，快速识别和分析生产过程中的异常，预测潜在质量问题和风险，采取预防措施，有效开展持续改进。

15. 当前制造业国际竞争日趋激烈，我国质量管理面临哪些新的机遇和挑战？

在当前制造业国际竞争日趋激烈的背景下，我国质量管理面临诸多新的机遇和挑战。新的机遇主要体现在以下几个方面。

一是技术创新推动。技术创新激发了制造业企业的增长潜力，推动了增材制造、绿色制造等新兴领域的发展，为制造业企业开拓了更广阔的市场空间。人工智能、大数据、物联网等前沿技术的融合应用，实现了对生产过程的智能实时监控、深度数据分析和前瞻性问题预警等，使企业质量管理的效率和准确性实现质的飞跃。

二是国家政策支持。国家重视制造业高质量发展，出台了一系列促进制造业转型升级和高质量发展的政策措施，为企业提供政策支持和保障，鼓励企业加强技术创新、提升产品质量和竞争力。

三是国际合作交流。制造业的全球化趋势加强，企业间的国际合作交流日益频繁。通过参与国际产业合作、技术交流等活动，制造业企业可以引进国际先进的质量管理理念和技术，提升自身质量管理水平。

四是人才培养教育。随着企业对质量管理越来越重视，更多的教育资源被投入到与质量管理相关的人才培养和教育中，为制造业企业提供了更多优质的专业人才。

在迎接新机遇的同时，挑战也随之而来，主要来自以下几个方面。

一是国际贸易环境多变。随着全球化的推进，国际经济合作和交流不断加强。然而，国际贸易环境却又呈现复杂多变的态势。特别是近年来贸易摩擦和贸易壁垒升级、演化，加剧了国际市场的不确定性，对我国企业的国际竞争力提出了更高的要求。制造业企业不仅要面对技术壁垒的考验，还要确保其产品质量能够满足国际市场的标准和要求。企业需要深化质量管理改革和创新，不断增强在全球化商业环境中的竞争力。

二是技术迭代加速。近年来，新技术在企业质量管理领域发挥了关键作用，但是随着技术迭代的加速以及顾客需求和期望的不断变化，制造业企业在技术创新和应用方面再次面临新的挑战。企业需要深度挖掘自主研发创新能力，强化产品的核心优势，才能跟上行业发展和市场需求的步伐，以应对激烈的市场竞争。

三是市场需求多样化。顾客个性化定制需求日益增长，推动了生产方式的创新。企业需要在保证产品质量的同时，加强其生产流程的灵活性和定制化产品的能力，不断满足多元化的市场需求。

四是供应链韧性提升。全球供应链日益紧密，但供应链的不稳定性也给质量管理带来了新的挑战。制造业企业在全球化竞争中需要实现供应链上下游质量管理联动，提升全链条质量管控能力，通过加强供应链各环节之间的协作和质量管理，提高整个供应链的质量和效率。

五是高素质人才需求。虽然我国企业在人才培养方面取得了显著进步，但与国际先进水平相比仍存在明显差距。特别是在高端专业技术人才和管理人才的培养上，我国制造业企业仍面临人才短缺的困境，这在很大程度上制约了企业质量管理水平的提升。制造业企业需要继续加大高素质人才的全方位培养力度，以进一步实现技术革新和提高生产效率。

六是环境保护和可持续发展要求。制造业企业在质量管理中需要考虑绿色制造全生命周期管理，最大限度落实环境保护和资源、能源的经济利用，减少和预防环境污染，以持续满足全球范围内对环境保护和可持续发展的要求。

二、政策出台背景

16. 在加快推进新型工业化的过程中，如何通过提升制造业企业质量管理水平，促进全要素生产率提升，加快培育和发展新质生产力？

2024 年 1 月，习近平总书记在主持中共中央政治局第十一次集体学习时强调，新质生产力“具有高科技、高效能、高质量特征”“以全要素生产率大幅提升为核心标志”。在加快推进新型工业化的过程中，提升制造业企业质量管理水平，促进全要素生产率提升，加快培育和发展新质生产力，可以通过以下几个方面来实现。

一是推动智能制造与数字化转型。利用信息技术，如大数据分析、人工智能、物联网等，实现生产过程的智能化和自动化，提高生产效率和产品质量。

二是培养高素质专业人才。定期对员工进行质量管理和技能培训，提高员工的质量意识和专业能力，使其更好地参与质量工作，提升其对质量管理体系的执行力。

三是引入先进的质量管理工具。采用六西格玛、精益生产等现代质量管理工具和方法，优化生产流程，提高生产效率。

四是加强供应链管理。优化供应链管理方式，与供应商建立紧密的合作关系，提升原材料和零部件的质量，从源头控制产品质量，提高整个供应链的协同效率。

五是促进技术创新。加大研发投入，开发新产品和新技术，提高产品和服务的技术含量及市场竞争力，实现产品升级。

六是数据驱动决策。利用收集的生产和运营数据，进行深入分析，以数据驱动的方式进行质量管理和运营决策。

七是提高市场竞争力。以顾客需求为导向，通过顾客反馈和市场调研，快速响应市场变化和顾客需求，不断优化产品和服务，提供满足或超越顾客需求的高质量产品和服务，提高生产的灵活性和适应性，促进销售的增长和生产效率的提高。

八是建立绩效考核机制。将质量管理纳入企业绩效考核体系，激励员工关注质量，提高整体的质量管理水平。

17. 编制出台《制造业卓越质量工程实施意见》的背景是什么？

2022 年 10 月 16 日，习近平总书记在党的二十大报告明确提出，到二〇三五年，我国发展的总体目标是：经济实力、科技实力、综合国力大幅跃升，人均国内生产总值迈上新的大台阶，达到中等发达国家水平；实现高水平科技自立自强，进入创新型国家前列；建成现代化经济体系，形成新发展格局，基本实现新型工业化、信息化、城镇化、农业现代化。2023 年 3 月 5 日，习近平总书记在参加十四届全国人大一次会议江苏代表团审议时强调，必须更好统筹质的有效提升和量的合理增长，始终坚持质量第一、效益优先，大力增强质量意识，视质量为生命，以高质量为追求。这要求我们必须向质量要竞争力，为全面建设社会主义现代化国家提供高质量支撑。当前，我国经济已由高速增长阶段转向高质量发展阶段，量的增长到了平台期，质的突破还处在孕育期，制造业企业质量提升还存在质量意识不强、质量管理能力不高、质量工程技术能力较为薄弱等问题，制约我国制造业由大变强。《质量强国建设纲要》提出要开展先进标准研制，推广卓越质量管理实践，这为制造业质量提升提供了科学指引和根本遵循。实施制造业卓越质量工程，提升企业质量管理能力和产品质量水平，夯实“中国制造”的质量基础，是加快补齐短板弱项、培育竞争新优势的迫切要求，也是推动我国制造业迈向价值链中高端、加快新型工业化进程、建设质量强国的现实需要。

18. 如何理解卓越质量的内涵?

卓越质量的理念是：理解、满足并超越顾客对质量的感知和期望，进行持续的质量改进实践，为顾客提供卓越的、富有魅力的质量。卓越质量的内涵如下。

卓越质量是新时代全面质量管理的集中体现。在管理方面，卓越质量是以最低成本、最高效率实现用户价值最大化，从而取得最佳经营绩效、实现持续成功的质量。在产品方面，卓越质量要求通过优质有效的供给满足和创造需求，提高质量层次和品牌影响力，推动价值链向中高端延伸。在效益方面，卓越质量蕴含着巨大的经济效益，美国企业通过实施具有卓越绩效的项目，其收益与投入比高达 820 ∶ 1，已有上百万家制造业企业借鉴了卓越质量管理经验。

卓越质量是新发展阶段高质量发展的现实需要。党的二十大报告强调，高质量发展是全面建设社会主义现代化国家的首要任务。与高速增长相比，高质量发展的要素条件、组合方式、配置机制、发展模式等都发生了根本性改变，对质量提升提出了更高、更为紧迫的要求，唯有以卓越质量为导向，以效率变革、动力变革促进质量变革，才能在制造业质量领域取得新突破。

卓越质量是顺应质量发展规律和趋势的必然产物。经济发展的不同阶段对应不同的需求特征，要求质量发展方式与时俱进。在质量管理检验阶段，质量管理依据工匠的技能和经验把关。在统计质量控制阶段，质量管理注重利用统计方法进行抽样检验及过程控制。在全面质量管理阶段，企业重视全过程和全员参与，用预防性措施来解决质量问题。在卓越质量管理阶段，企业融合先进技术手段，以高质量产品超越用户期望和体验，从而形成可持续的竞争优势。

19. 分步实施制造业卓越质量工程的目的是什么？

制造业卓越质量提升工作是系统工程，需要分阶段实施，不能一蹴而就。《制造业卓越质量工程实施意见》结合我国制造业质量发展现状，以及对企业向卓越攀升进程的总体研判，拟定了 2025 年、2027 年的“两步走”推进目标。通过分步实施制造业卓越质量工程，可达到以下目的。

一是更好地发挥企业示范效应。通过分步实施制造业卓越质量工程，总结先行先试企业取得的成功经验，发挥龙头企业的示范带动作用，不断提高产品和服务质量水平，推动企业转型升级。

二是营造各行业质量持续改进的良好氛围。分行业、分地区逐步开展制造业卓越质量工程，“由点到线、由线到面”，推动形成“企业—行业—制造业”的全面提升路径，从而推动制造业等各领域质量向卓越攀升。

三是持续提升制造业质量。质量提升遵循螺旋式上升、渐进式发展的客观规律，必须久久为功、常抓不懈，需要分步实施，及时总结优化，从而更加有序、有效地推动制造业企业质量和效益的稳步提升。

20. 制造业企业向卓越质量攀升的方法是什么？

《制造业卓越质量工程实施意见》提出采用策划、实施、检查、处置模式开展质量管理持续改进，推动管理持续完善、产品迭代升级，推动制造业企业不断增强质量意识、提升质量发展能力、提高质量管理数字化水平、科学评价质量管理能力，以达到追求卓越、持续成功的目标，有如下几个关键点。

一是增强质量意识。引导企业按照 GB/T 19001—2016《质

量管理体系　要求》等标准，聚焦全员、全要素、全过程、全数据，强化顾客需求导向，发挥最高管理者作用，推动企业全员参与，加强过程方法应用，实施持续迭代改进，深化质量循证决策，提升关系管理水平，以“系统抓、抓系统”为导向，增强质量管理体系的有效性。

二是提升质量发展能力。指导企业按照木桶原理、补齐短板的思路，围绕制约质量提升的难点堵点，对照 GB/T 19004—2020《质量管理　组织的质量　实现持续成功指南》、GB/T 19024—2008《质量管理　实现财务和经济效益的指南》等标准，找到问题关键、分析问题核心、解决问题根源，不断提升质量绩效，以实现持续成功。

三是提高质量管理数字化水平。推动企业顺应新一代信息技术发展趋势，以数字化赋能质量管理，对照 T/CESA 1174—2021《企业信息化和工业化融合度评价要求》等标准，科学评判质量管理数字化水平，精准把握未来发展的重点方向。

四是科学评价质量管理能力。遵循“企业自愿、地方推动、正向引导、分步实施”的原则，按照“贯标、培训、评估、复核”的实施路径，开展质量管理能力评价，诊断问题、识别差距、确定等级，以评促改、以评促管、以评促强，激发企业内生动力。

21. 如何保障制造业卓越质量工程有效实施？

一是全面准确贯标。加强《制造业企业质量管理能力评估规范》宣贯，做好标准的宣传、推广、解读工作，发挥行业协会的沟通桥梁作用，确保企业能第一时间获取标准信息、弄懂标准要求，提高标准知晓率和覆盖面，为制造业卓越质量工程的有效实施奠定良好基础。

二是加强企业培训。结合“一起益企”中小微企业服务行动等有关活动，积极开展《制造业企业质量管理能力评估规范》咨询和培训，引导专业机构履行好咨询指导、科学评估等职能，全面分析、解读《制造业企业质量管理能力评估规范》，普及先进质量工具和方法，帮助企业理解《制造业企业质量管理能力评估规范》。

三是评价精准有效。充分发挥企业质量主体作用，把质量管理能力评价作为质量提升的重要抓手和路径依据，推动专业机构积极协助企业开展质量管理能力自评价，客观、公正、有效地完成第三方评价和复核工作，真实反映企业质量管理现状和存在的问题。

四是结果科学运用。面向企业，客观真实反映评价结果，引导企业以评促改，补齐短板，推动质量管理能力由经验级、检验级、保证级向预防级、卓越级逐步提升，实现持续成功。面向政府，加强评价结果的数据分析和跟踪研究，持续掌握我国制造业质量发展趋势，为政府制定政策、推动质量提升提供重要支撑。

三、评估规范出台背景及其主要内容

22. 为什么要开展《制造业企业质量管理能力评估规范》标准的研制？

党的十八大以来，我国制造业规模持续位居世界第一，但产业体系大而不强，相当一部分制造业处于价值链中低端，高端制造与国际先进水平相比，仍有较大差距。质量问题成为当前制约我国制造业高质量发展的突出短板。《质量强国建设纲要》指出，开展先进标准研制，推广卓越质量管理实践；开展对标达标提升行动，以先进标准助推传统产业提质增效和新兴产业高起点发展。《制造业卓越质量工程实施意见》也提出，引导企业依据先进质量标准定期开展质量管理能力自我评价，检视问题，精准施策，激发质量提升的内生动力。

为推动制造业向卓越质量攀升，工业和信息化部电子第五研究所联合中国信息通信研究院、中国电子技术标准化研究院及华为、广汽埃安、蒙牛、美的等全国 30 多家知名专业机构和制造业企业，共同制定了《制造业企业质量管理能力评估规范》[1]。该规范以我国制造业企业管理现状为出发点，结合国际先进的管理标准、方法、工具和优秀企业的有益实践，通过引导企业建立一套科学、系统的质量管理框架，提高质量管理体系运行的有效性，提高质量管理数字化水平，激发

1　目前，《制造业企业质量管理能力评估规范》团体标准正在向行业标准转化，本章也称“评估规范”。

企业质量改善的内生动力和可持续成功的能力，以应对快速变化的市场环境和顾客需求。同时，对企业质量绩效进行定量评价，以促进企业提升经济效益，实现高质量发展。

23. 《制造业企业质量管理能力评估规范》和 GB/T 19001—2016《质量管理体系　要求》有什么联系与区别?

两者的联系包括：都聚焦于提升制造业企业的质量管理水平，均采用GB/T 19000—2016《质量管理体系　基础和术语》中提出的七项质量管理原则作为理论基础，同时《制造业企业质量管理能力评估规范》6.2 条“质量管理体系有效性”中的检验级特征 / 要求也包括了 GB/T 19001—2016《质量管理体系　要求》中的核心内容，并在此基础上，结合行业特点和企业实际发展需要，进行了进一步细化和具体化。

两者的区别如下。

一是《制造业企业质量管理能力评估规范》涵盖的范围比 GB/T 19001—2016《质量管理体系　要求》更广。《制造业企业质量管理能力评估规范》不仅包含了 GB/T 19001—2016《质量管理体系　要求》的要求，还吸收了 GB/T 19004—2020《质量管理　组织的质量　实现持续成功指南》、ISO 10014:2021《质量管理体系　面向质量结果的组织管理　实现财务和经济效益的指南》等的要求，结合中国制造业企业特点，提出了一套更为全面、科学、客观、公正的评价标准，它不仅关注质量管理体系的有效性，还包括质量管理数字化、持续成功的能力以及质量绩效等方面。

二是《制造业企业质量管理能力评估规范》创新性地提出质量管理能力的分级要求。GB/T 19001—2016《质量管理体系　要求》仅提供了通用性的质量管理要求，不能有效区分获证企业质量管理水平之间的高低；而《制造业企业质量管理能力评估规范》通过五级的特征或者要求，提供了不同发展阶段、不同成熟度等级的质量管理能力特征，能帮助企业确定自身所处的质量管理发展阶段，并引导企业循序渐进地提高质量管理能力，不断向卓越质量攀升。

三是《制造业企业质量管理能力评估规范》采用定性与定量相结合的评价方法。GB/T 19001—2016《质量管理体系　要求》只包括定性的条款要求，而《制造业企业质量管理能力评估规范》既包括定性的要求，也包括定量的要求，既关注质量管理活动，又关注质量管理活动取得的绩效结果。

四是二者评价方式和目的不同。应用GB/T 19001—2016《质量管理体系　要求》进行符合性评价，给出的仅是"通过"或"不通过"的结论；而应用《制造业企业质量管理能力评估规范》进行等级评价，给出的是企业质量管理能力等级，让企业清楚了解自身管理水平，并可根据评价结果和建议明确未来改进方向。

24. 《制造业企业质量管理能力评估规范》和 GB/T 19004—2020《质量管理 组织的质量 实现持续成功指南》有什么联系与区别?

两者的联系主要在于，都旨在提高制造业企业的质量管理水平，帮助企业实现持续成功。《制造业企业质量管理能力评估规范》是在引导企业确保质量管理体系实施有效性的基础上，充分研究吸收 GB/T 19004—2020《质量管理 组织的质量 实现持续成功指南》的内容而制定的，特别是“持续成功的能力”中的各项指标。

两者的区别在于，GB/T 19004—2020《质量管理 组织的质量 实现持续成功指南》只提出了各条款五个等级的评价要点，未给出达到各等级的具体方法。而《制造业企业质量管理能力评估规范》在明确各等级要求的基础上，通过其附录 B 中列出的各等级应提供的支撑证据，向企业清晰展示和规划了逐级提升的路径。

25. 《制造业企业质量管理能力评估规范》和 ISO 10014:2021《质量管理体系 面向质量结果的组织管理 实现财务和经济效益的指南》有什么联系与区别?

两者的联系主要体现在，都聚焦于提升企业的质量管理水平，以实现更好的经济效益和持续成功。《制造业企业质量管理能力评估规范》充分吸收了 ISO 10014:2021《质量管理体系　面向质量结果的组织管理　实现财务和经济效益的指南》[1] 附录 A 中给出的指标设置的思路，从有效性、成本、效率、产品竞争力等方面提炼出 11 个质量绩效指标，不仅覆盖了落实七项质量管理原则所取得收益的各方面，同时具有企业通用、易于理解、数据易获取、对企业有引导作用等特点。

与《制造业企业质量管理能力评估规范》相比，ISO 10014:2021《质量管理体系　面向质量结果的组织管理　实现财务和经济效益的指南》没有给出指标的计算方法和具体指标值，而《制造业企业质量管理能力评估规范》给出了指标的计算方法、数据来源及分级要求，对企业具有更强的指导作用。

26.《制造业企业质量管理能力评估规范》指标体系的设计思路是什么？

制造业企业质量管理能力评价指标体系是由“质量管理体系有效性、质量管理数字化、持续成功的能力、质量绩效”4 个一级指标及对应的 30 个二级指标组成的。该指标体系的设计，是以我国制造业企业质量管理现状为出发点，结合国

1　ISO 10014:2021《质量管理体系　面向质量结果的组织管理　实现财务和经济效益的指南》正在向国家标准转化。

际先进的管理标准、方法、工具和优秀企业的有益实践，覆盖质量管理全过程和质量绩效，定性和定量评价相结合，通过质量管理能力评价来推动企业迈向卓越。设计思路主要考虑以下几个方面。

一是以“质量管理基础”为本，夯实企业质量管理体系的有效性。我国质量管理体系获证企业数量已位居世界前列，但普遍存在“重取证、轻运行”的现象，往往与企业的实际运行不符。评价指标体系以 GB/T 19000—2016《质量管理体系　基础和术语》提出的七项质量管理原则为基础，设置一级指标“质量管理体系有效性”，提出质量管理活动的关键特征要求，促进企业充分理解和落实七项质量管理原则，提高质量管理体系有效性。

二是以“数字化转型”战略为牵引，提升企业质量管理数字化水平。当前制造业数字化转型已是必然趋势，数字技术为制造业质量管理创新、高质量发展提供了新机遇。企业以数字化赋能企业全员、全过程、全要素的质量管理，提升产业链供应链质量协同水平，是应对日益复杂的竞争形势、推动制造业实现高质量发展的现实选择。为引导企业加快提升质量管理数字化水平，评价指标体系参考《制造业质量管理数字化实施指南（试行）》，设置一级指标“质量管理数字化”，提出研发设计数字化、生产制造数字化、质量保障数字化、供应链管理数字化、质量数据管理等方面的关键特征要求，指导企业充分应用新一代信息技术提升质量管理的有效性和效率，增强全生命周期、全价值链、全产业链质量管理能力。

三是以“质量能力提升”为抓手，锻造企业持续成功的能力。通过质量意识、质量文化、持续改进举措等促进企业质量管理实现持续成功。我国企业普遍还未做到“视质量为生命，以高质量为追求”，企业管理者对自身战略发展方向缺乏清晰明确的认知，企业缺乏质量管理持续改进和提升的内在动力。为引导企业实施持续改进迈向卓越，评价指标体系参考 GB/T 19004—2020《质量管理　组织的质量　实现持续成功指南》，设置一级指标“持续成功的能力”，通过战略引领、文化支撑，绩效分析和评价、资源保障、技术进步和学习创新等，引导企业不断提升满足所有相关方需求和期望的能力，以实现持续成功。

四是以“质量绩效结果”为导向，提升企业的质量效益。企业管理者普遍对质量经济性和质量效益缺乏关注，对质量管理价值缺乏清晰明确的认知，导致企业对质量管理重视不够、投入不足，从而进一步影响质量管理的有效性。为引导企业重视并准确衡量实施质量管理所取得的财务和经济效益，评价指标体系参考 ISO 10014:2021《质量管理体系　面向质量结果的组织管理　实现财务和经济效益的指南》，设置一级指标“质量绩效”，从产品质量、过程能力、生产效率、质量经济效益、企业竞争力等方面，量化表征质量管理活动所取得的绩效，并与行业先进水平进行对标，认清短板和改进方向，促进企业持续提升质量管理能力，实现产品高质量、企业现代化、产业高端化。

27. 为什么要对制造业企业质量管理能力进行分级?

对制造业企业质量管理能力进行分级主要有以下几个原因。

一是评价企业的综合竞争力，促进企业提升质量管理水平。通过分级可以帮助企业了解自身在市场上的位置和竞争优势，激发企业质量改进的内生动力，为企业质量改进指明方向和路径。企业依据 GB/T 19001—2016《质量管理体系　要求》开展质量管理体系认证，结果只有“符合”和“不符合”两种结论，获证企业的质量管理水平没有高低之分，企业获证后普遍存在质量改进内生动力不足及质量改进方向和路径不明确等问题，不利于企业迈向卓越。分级可以帮助企业明确不同发展阶段、不同成熟度等级的质量管理要求，从而循序渐进地推进质量管理水平提升。

二是提高市场透明度和信誉度。目前，大部分企业选择供应商时，主要通过其质量管理体系证书初步判定其质量管理水平，但对于同样获证的企业，不能通过证书区分其质量管理水平的差异。分级评定可以帮助企业获取关于各供应商更完整、更全面的质量管理信息，有效地区分不同供应商的质量管理能力，降低供应商的选择成本，增加市场透明度，促进供应商持续改进。

三是促进行业和地区制造业质量管理整体水平提升。通过分级可以更有效地掌握行业和区域内制造业企业的质量管理整体水平，树立行业质量标杆，提炼行业质量管理的共性问题和短板弱项，有助于制定出更有针对性的政策措施，监督和引导企业合规运营，促进行业和地区制造业规范化发展。

28. 制造业企业质量管理能力分成哪几个等级？等级划分的思路是什么？

《制造业企业质量管理能力评估规范》参考目前国际、国内有关成熟度的划分方法，将质量管理能力划分为5个等级，从低到高依次为经验级、检验级、保证级、预防级和卓越级。各等级具体含义如下。

经验级，指企业基本依靠经验进行质量管理。

检验级，指企业建立制度以规范和固化质量管理活动。

保证级，指企业在质量管理体系有效运行的基础上，使用各种质量工具、技术和方法，以提质、降本、增效。

预防级，指企业收集并利用全过程的质量数据，全面识别和预防风险，开展全过程定量管理，确保绩效目标的达成。

卓越级，指企业应用新一代信息技术开展创新，成为行业标杆，构建质量提升生态圈，带动全链条质量整体提升。

该等级划分基于我国制造业企业的质量管理能力实际水平，从推动企业管理意识由被动到主动、管理规范性由非受控到受控、管理范围由企业内部到外部生态圈、数字化应用深度由信息技术单项应用到智能协同、管理绩效评价由未统计到定性定量评价等方面考虑。

29. 质量管理能力处于经验级的制造业企业的主要特征是什么?

《制造业企业质量管理能力评估规范》中规定了“经验级”这一等级下各指标的特征或应符合的具体要求，即“质量管理基本依靠经验，未建立相关的制度或制度不完善，未建立质量目标或未完整收集与质量目标有关的数据”。质量管理能力处于经验级的制造业企业通常具备以下特征。

一是在质量管理体系有效性方面，依靠个人的技能和经验、以非正式或临时的方式开展顾客需求管理、循证决策等质量管理活动，质量制度、质量目标和质量数据管理机制不健全、不完整，未按GB/T 19001—2016《质量管理体系　要求》建立质量管理体系或质量管理体系的有效性不足。

二是在质量管理数字化方面，依靠经验实施研发设计、生产制造、质量保障、供应链等管理活动，未使用或以非正式的方式使用数字化工具开展质量管理活动，未收集必要的质量数据。

三是在持续成功的能力方面，企业没有意识到战略、文化、技术创新等对企业未来发展的重要性，相关的活动具有临时性、突发性，缺乏实现持续成功的基础。

四是在质量绩效方面，质量目标不清晰、不明确，质量绩效水平不高，产品质量水平低于 3σ（3σ 表示每百万个产品中有 66 800 个不良品），全过程一次交验合格率小于 90%，内外部质量损失率未做统计。

30. 质量管理能力处于检验级的制造业企业的主要特征是什么?

《制造业企业质量管理能力评估规范》中规定了“检验级”这一等级下各指标的特征或应符合的具体要求，即“建立适宜的质量管理制度，并能有效运行；收集与质量目标有关的数据并用于改进；取得一定的质量绩效，产品质量水平至少达到 3σ”。质量管理能力处于检验级的制造业企业通常具备以下特征。

一是在质量管理体系有效性方面，建立符合 GB/T 19001—2016《质量管理体系　要求》的质量管理体系，并确保体系有效运行。

二是在质量管理数字化方面，实现关键工序自动化。应用信息（数字）技术实现关键质量管理活动的规范化运行，关键工序应用自动化 / 数字化生产设备。

三是在持续成功的能力方面，企业开始系统地建立战略、文化、技术和学习创新等管理流程，为取得持续成功奠定基础。

四是在质量绩效方面，取得一定的质量绩效，主要绩效指标包括：产品质量水平至少达到3σ，过程能力指数为1（含）～1.33，全过程一次交验合格率为90%（含）～95%，内部质量损失率大于等于3.0%，外部质量损失率大于等于2.3%。

31. 质量管理能力处于保证级的制造业企业的主要特征是什么？

《制造业企业质量管理能力评估规范》中规定了“保证级”这一等级下各指标的特征或应符合的具体要求，即“质量管理在质量管理体系有效运行的基础上，通过应用适宜的质量技术、工具和方法，促进效率的提升和成本的降低；收集与关键过程有关的质量数据，并用于过程的改进；质量绩效水平较高，产品质量水平至少达到4σ”。质量管理能力处于保证级的制造业企业通常具备以下特征。

一是在质量管理体系有效性方面，在体系有效运行的基础上，应用适宜的质量技术、工具和方法，固化和优化质量管理过程，进一步提高质量管理的效率和效果。

二是在质量管理数字化方面，实现质量管理信息化。研发设计、生产制造、质量保障、供应链等质量管理活动的主场景可应用信息系统进行规范管理，能够从系统或设备中自动采集关键数据。

三是在持续成功的能力方面，企业能够综合运用与战略实施、文化建设、技术创新等活动相关的工具和方法，不断提升过程的有效性和效率，形成较强的持续成功能力。

四是在质量绩效方面，质量绩效水平较高，主要绩效指标包括：产品质量水平至少达到 4σ（4σ 表示每百万个产品中有 6200 个不良品），过程能力指数为 1.33（含）～ 1.67，全过程一次交验合格率为 95%（含）～ 97%，内部质量损失率为 1.5%（含）～ 3.0%，外部质量损失率为 1.0%（含）～ 2.3%。

32. 质量管理能力处于预防级的制造业企业的主要特征是什么？

《制造业企业质量管理能力评估规范》中规定了“预防级”这一等级下各指标的特征或应符合的具体要求，即“基于数据开展全面风险识别和预防，确保企业绩效目标的全面达成；收集全过程的绩效数据加以应用并转化为价值；质量绩效水平高，产品质量水平至少达到 5σ”。质量管理能力处于预防级的制造业企业通常具备以下特征。

一是在质量管理体系有效性方面，能够基于数据开展全面风险识别和预防，实现对关键过程能力的量化管理，确保质量绩效目标的全面达成。

二是在质量管理数字化方面，实现质量管理网络化协同，研发设计、生产制造、质量保障、供应链等质量管理活动的信息系统集成，对全过程质量数据进行实时采集、统计分析和应用。

三是在持续成功的能力方面，企业基于定量的绩效分析和评价，主动识别和应对战略实施、文化建设、技术创新等过程中的风险和机遇，形成高水平的持续成功能力。

四是在质量绩效方面，质量绩效水平高，主要绩效指标包括：产品质量水平至少达到 5σ（5σ 表示每百万个产品中有 230 个不良品），过程能力指数为 1.67（含）～2.00，全过程一次交验合格率为 97%（含）～98%，内部质量损失率为 0.75%（含）～1.50%，外部质量损失率为 0.5%（含）～1.0%。

33. 质量管理能力处于卓越级的制造业企业的主要特征是什么？

《制造业企业质量管理能力评估规范》中规定了“卓越级”这一等级下各指标的特征或应符合的具体要求，即“创新成为质量管理的驱动力，在企业内部形成鲜明的良好的质量文化；收集供应链上下游质量数据并实现数据资源共享；质量绩效卓越，产品质量水平至少达到 6σ”。质量管理能力处于卓越级的企业通常具备以下特征。

一是在质量管理体系有效性方面，以创新为驱动力，建立了全员、全要素、全过程的数字化质量管理体系，全面实现数字化运营。

二是在质量管理数字化方面，实现质量管理智能化，建立工业大数据平台，产业链上下游企业间质量信息共享与知识共创，生产资源自组织、自优化，满足柔性化、个性化生产需求。

三是在持续成功的能力方面，企业积极履行社会责任，与生态圈合作伙伴一起践行质量文化，实现战略协同，成为行业引领者。

四是在质量绩效方面，质量绩效卓越。主要绩效指标包括：产品质量水平至少达到 6σ（6σ 表示每百万个产品中只有 3.4 个不良品），过程能力指数大于等于 2.00，全过程一次交验合格率大于等于 98%，内部质量损失率小于 0.75%，外部质量损失率小于 0.5%。

34. 以标准的形式推动制造业企业质量管理能力评估的目的是什么？

标准是经济活动和社会发展的技术支撑，是国家基础性制度的重要方面。将企业、行业组织、专业机构等各方对制造业企业质量管理能力评估的广泛共识以标准的形式固化下来，并依据标准对企业开展评估，一方面，能够更好地发挥标准支撑引领作用，引导企业及第三方评价机构科学高效地组织实施制造业企业质量管理能力评估工作，从而促使行业内企业共同遵守、实施质量管理标准，推动整个行业的质量管理水平不断提升，促进行业健康发展；另一方面，制定标准并在不同行业开展标准应用试点，能够有效促进制造业企业质量管理能力评估理论的持续研究，以及评估方法、工具和资源的充实完善，并能够利用已收集到的行业质量管理数据，持续推动标准优化升级，在实践中不断完善标准，推动评估标准与评估工作互动发展。

35. 制造业企业质量管理能力评估指标的设置有哪些原则？

制造业企业质量管理能力评估指标的设置原则如下。

一是科学性。指标力求精准描述制造业企业质量管理关键能力特征，能够为质量管理能力的分析、诊断和改进提供有效依据。例如“质量绩效”从过程能力、产品质量、质量成本及产品竞争力等方面，以 11 个定量指标来衡量企业质量管理取得的绩效水平。这些指标量化表征了企业质量管理活动达到预期效果的程度，既有助于企业客观评价自身的管理能力水平，识别差距和明确改进方向，也可作为质量政策研究和政策执行效果评价的重要依据。

二是易理解性。指标为制造业企业常见数据，易于理解，便于企业管理人员对企业质量管理能力开展自评价。标准行文采用企业常用的话语体系，并通过在其附录 B 中提供评估检查表示例，帮助企业更好地理解和应用标准。

三是可操作性。定性、定量指标所需要的信息和数据，均能从企业管理文件、档案文件、日常统计数据中获取，确保自评价的可执行性。标准还在其附录 A 中对质量绩效指标进行了详细的释义，并明确了计算方法。

四是引导性。通过指标明确制造业企业质量管理能力提升的实践方法和路径，引导企业按照指标逐步提升质量管理能力。标准遵循螺旋式上升、渐进式发展的质量提升规律，将企业的质量管理能力分为 5 个等级，并给出每个等级的关键特征或要求，引导企业逐级提升质量管理能力，最终迈向卓越。

36. 按照“短板规则”开展制造业企业质量管理能力评估的现实依据是什么？

“短板规则”参考的是美国管理学家彼得提出的木桶原理，即木桶盛水量的多少取决于最短的板块。在事物的发展过程中，“短板”的长度往往决定其整体发展程度。

产品质量的高低，主要取决于品质最次的零部件；企业的质量管理过程短板，会决定整个企业的质量管理水平。企业要想做大、做强，必须从产品设计、生产制造、质量保障、供应链管理以及战略定位、技术创新、文化建设等各方面同步推进。任何一个环节存在短板，都有可能导致企业在竞争中处于不利位置。

《制造业企业质量管理能力评估规范》采用“短板规则”，通过评价指标中的最低等级来确定企业质量管理能力等级，可以使企业清晰地认识到自身的质量管理能力与标准要求的差距，有效引导企业识别质量管理存在的短板弱项，明确企业实现战略目标、获取核心竞争力的改进方向，更好地控制和预防质量风险，减少损失，不断补齐短板，实现质量管理水平整体提升。

37. 《制造业企业质量管理能力评估规范》的适用范围是什么？

《制造业企业质量管理能力评估规范》能够为制造业企业、第三方评价机构开展质量管理能力的差距识别、方案规划和改进提升提供有效指导。

一是适用于制造业企业开展质量管理能力的自评价。企业可通过对标自评，发现自身质量管理的薄弱环节和优势亮点，以评促改，明确能力差距，确定改进目标，清晰规划出改进路径和发展方向。

二是适用于企业对供应商的质量管理能力开展评价。企业可依据分级评价标准，对其供应商开展质量管理能力评价，并根据评价结果判定其质量管理能力，识别其质量管理薄弱环节，从而控制供应链质量风险，必要时采取针对性措施帮助供应商提升质量管理水平，实现供应链质量协同发展。

三是适用于第三方评价机构开展质量管理能力评价服务。第三方评价机构可以以分级评价标准为依据，开展企业质量管理能力现场评价，判定其质量管理能力等级。

38. 制造业企业建立质量管理能力自评价机制的主要作用是什么？

制造业企业建立质量管理能力自评价机制的主要作用包括以下几个方面。

一是提升质量管理体系的有效性。通过自评价，发现自身与质量管理有效运行之间的差距，选择更加权威和可靠的认证机构协助改进，从而有效发挥第三方评价机构在企业质量管理体系运行方面的监督促进作用。

二是推进新一代信息技术与全面质量管理融合应用。通过自评价，开展研发设计、生产制造、质量保障、供应链等质量管理重点环节的数字化应用水平的诊断，并对质量数据采集、管理、处理、分析、应用等能力进行评价，提升质量管理数字化水平，实现新一代信息技术与全面质量管理融合应用。

三是提升能力，追求卓越。通过自评价，帮助企业通过战略引领、文化支撑、绩效分析和评价、资源保障、技术进步和学习创新等活动，不断提升自身满足所有相关方需求和期望的能力，推动企业的管理和产品质量迈向卓越。

四是提质增效。引导企业关注质量经济性，开展质量成本及质量效益的度量、对比标杆，将企业的质量管理活动与企业经营绩效表现有机衔接。

39. 制造业企业如何开展质量管理能力自评价?

制造业企业开展质量管理能力自评价的方法和流程如下。

一是成立质量管理能力自评价工作小组。由各部门负责人和技术骨干组成企业自评价工作小组，下发企业成立自评价工作小组的通知，明确工作小组成员的职责、权限和基本任务分工。

二是组织进行培训和学习。企业组织各部门管理人员和技术人员参加《制造业企业质量管理能力评估规范》的培训和学习，理解和掌握各评价指标、各等级的主要特征和要求，掌握在“制造业企业质量管理能力自评估平台”进行自评价的方法步骤。

三是制订、批准和发布质量管理能力自评价工作计划。自评价工作计划应明确自评价的目的、范围、任务分工、时间进度、评价要求等，工作计划经企业最高管理者批准后，发放给各部门负责人和自评价工作小组全体成员。

四是按自评价工作计划组织开展自评价。自评价工作小组成员按照自评价工作计划的安排，在“制造业企业质量管理能力自评估平台”上认真完成自评价工作，所有自评价工作须通过自评价负责人的检查确认后，才可最终提交。

五是依据自评价结果进行总结与改进。从“制造业企业质量管理能力自评估平台”直接生成、导出企业自评价报告，由自评价负责人召集全体自评价工作小组成员对所有评价指标的评价结果进行总结，并依据自评价存在的不足进行原因分析，由各部门负责人提出纠正措施计划并实施，以提升企业整体质量管理能力。

40. 制造业企业开展质量管理能力自评价需要做哪些准备工作？

为保障制造业企业顺利开展质量管理能力自评价，应做好以下准备工作。

一是组织准备。最高管理层要主动参与标准宣贯，并选择合适的人员组建自评价团队，做好自评价工作的策划和沟通协调，明确自评价的责任部门、责任人。

二是技术准备。企业需掌握评价规范、评价方法和自评价平台的操作方法，确保能够正确理解和运用评价规范开展自评价。

三是信息和数据准备。按照自评价要求准备相关文件和记录，包括质量管理相关制度、运行记录、质量绩效统计数据等。

41. 制造业企业质量管理能力第三方评价的主要作用是什么？

制造业企业质量管理能力第三方评价的主要作用如下。

一是客观公正。第三方评价机构遵循客观、独立、公正的审核原则，开展评价策划、评价实施、评价决定等活动，能充分保障评价结果的客观公正。

二是专业可靠。第三方评价机构的评价师经过严格的技术培训和考核，具有较高水平的评价技术和能力，能公正、系统地获取企业实际运行的客观证据，为科学评价奠定扎实基础。

三是利于采信。第三方评价机构能够基于行业数据对制造业企业质量管理能力评价结果展开对比分析，有利于分行业、分地区评价结果的长期利用。评价结果的公示，为优选高质量供应商提供了采信依据，为参与制造业企业质量管理能力第三方评价的企业提供了能力展示途径。

42. 制造业企业如何开展质量管理能力第三方评价？

制造业企业可按照如下步骤开展质量管理能力第三方评价。

第一步是完成自评价。企业需深入了解《制造业企业质量管理能力评估规范》，掌握质量管理能力评价的相关标准和要求，准备申请评价的企业需在“制造业企业质量管理能力自评估平台”上按照系统提示完成注册，并根据平台自评价要求进行填报，提交相关证据，完成自评价。企业应确保自评价信息的真实有效。

第二步是发起评价申请。企业应在自评价完成的一个月内，在“制造业企业质量管理能力自评估平台”上选择第三方评价机构，发起评价申请，填写评价范围及申请等级。

第三步是开展预评价。评价机构在收到企业提交的评价申请后，会选择组建适宜的评价组，对申请企业提交的材料进行预评价。对于申请材料不满足要求的，评价组可通知申请企业补充和完善，或者给出经验级评价结论和评价报告。

第四步是制订现场评价计划。预评价通过后，评价组制订书面现场评价计划，由申请企业确认，并提交至评估管理平台。

第五步是实施现场评价。评价组根据现场评价计划安排，采取提问、访谈交流、查阅文件资料、现场观察、实际测定等多种方式，开展评价活动，并告知企业拟定的现场评价结论，提交现场评价报告。

第六步是进行二次复核。对于现场评价结论拟定为保证级及以上等级的，制造业企业质量管理能力评价管理机构将适时组织专家对评价材料进行评审，并对评价企业开展现场二次复核，给出专家意见。

43. 质量管理能力评价结果对制造业企业有什么作用?

对企业而言，评价结果可作为质量状况判别依据，用于质量诊断和改进，帮助企业更好地贯彻先进质量管理体系标准，提高质量辨别和提升能力，加速向高质量和价值链中高端迈进。

一是能够帮助企业判断自身质量现状。企业基于评估规范的要求开展质量管理能力评价，能够明确当前质量管理能力所处等级，发现质量管理存在的短板和弱项，找出与更高等级之间的差距，为后续改进提供方向。

二是能够帮助企业有效实施质量改进。依据评价结果，企业可以制订切实可行的改进计划，积极学习其他企业先进的质量管理经验，并通过加强员工培训、加快信息技术应用等有效措施来提高质量管理水平，加速向高质量和价值链中高端迈进。

三是能够帮助企业优选供应商。企业根据各供应商质量管理能力评价结果，能及时发现和解决供应商存在的问题，定期对供应商进行评价和优化，降低供应链风险。

44. 行业应用质量管理能力评价结果有何重要意义？

对行业而言，通过贯标评价，可引导企业、供应商和顾客等认可“卓越质量”理念，采信分级评价结果，沿供应链传递质量要求，带动产业链上下游更多企业共同贯标，促进产业链质量水平整体提升。一方面，推动全行业质量意识提升。宣传推广并应用《制造业企业质量管理能力评估规范》，推动全行业企业牢固树立“质量第一”“质量是企业生命”的理念，切实把质量工作落实到研发生产经营全过程，持续提升全行业质量管理水平和质量管理技术应用水平。另一方面，促进产业链整体质量水平提升。通过引导企业采信质量管理分级评价结果，优选供应商，有效降低企业供应链管理成本，加快相关流程进度，提高生产效率，提升决策质量，推动全行业向产业链中高端迈进。

45. 制造业企业质量管理能力评价结果对政府有何应用价值?

对政府而言，评价结果有利于切实掌握制造业质量发展情况，动态掌握制造业质量发展趋势，充分积累制造业质量提升重要数据，为精准施策、精准引导、精准服务提供决策参考，为政策支持、资源配置提供重要依据。

一是有利于政府实时掌握制造业质量发展情况。政府可依托评价结果，全面了解我国制造业质量发展情况，动态了解制造业企业质量管理能力现状，分析不同行业、不同规模、不同地区企业质量管理情况。

二是为政府制定政策提供科学支撑。根据评价结果，政府能够精准研判制造业质量发展趋势，分析制造业质量提升存在的短板弱项，充分发挥质量数据要素作用，为制定相关产业政策提供科学支撑。

三是有利于政府加强对质量认证、检测评价工作的指导。政府可有效结合评价结果，对正在开展的质量认证、检测评价等工作进行检视和优化，完善计量、标准、检验检测、试验验证、质量诊断咨询等质量支撑体系，有效促进制造业企业质量提升。

四、质量管理体系有效性

46. 什么是质量管理体系有效性？

质量管理体系是指在质量方面指挥和控制企业的管理体系，是企业内部建立的、为实现质量目标所必需的、系统的质量管理模式。

质量管理体系有效性是指企业质量管理体系在运行过程中实现其预定目标的程度。一个有效的质量管理体系能够帮助企业减少、消除和预防不合格的发生，降低成本，提升运营效率和产品质量水平，构建市场竞争优势和品牌价值，增强应对风险的能力，持续满足顾客及相关方的需求和期望，实现经营业绩持续增长和盈利。

依据《制造业企业质量管理能力评估规范》的要求，质量管理体系有效性是以 GB/T 19000—2016《质量管理体系　基础和术语》提出的七项质量管理原则为指引，关注企业对质量管理活动进行系统策划和实施的情况，帮助企业提升质量管理体系运行的效果，实现顾客满意。

47. ISO 9001 标准的价值体现在哪些方面？当前制造业企业质量管理存在的问题是什么？

ISO 9001 标准由 ISO 发布，是全球范围内被广泛接受和认可的质量管理体系标准，该标准当前为 2015 年版。ISO

9001 标准适用于各个行业和企业类型，跨越了国界和行业的限制，被 100 多个国家和地区普遍采用，在提升企业质量管理水平、提高产品和服务质量、增强顾客信任、消除国际贸易壁垒、提高企业的市场竞争力等方面起到了良好的作用。

我国制造业龙头企业普遍认识到 ISO 9001 标准是建立和维护高效质量管理体系的基石，它为企业提供了清晰的质量管理框架，帮助企业实现持续改进和卓越绩效。根据国家市场监督管理总局2023年9月发布的《中国质量认证发展报告》，我国质量管理体系获证企业数量已位居世界前列，其中占比最大的是制造业企业，达到 57.81%。这一数据既反映了制造业整体质量提升需求较高，也说明 ISO 9001 标准在制造业中得到了广泛应用。

然而从整体上看，我国制造业企业在质量管理方面还存在着如下问题。

一是质量管理体系运行有效性不足。有些企业的质量管理体系与实际运营存在明显脱节，仅将质量管理体系认证当作唯一目标，忽视了实际运行的重要性，质量管理体系运行效果需要提升。

二是数字化应用能力不足。有些企业对数据价值认识不到位，数字技术与质量管理融合度低，数字化转型未被纳入企业经营战略，以数字化赋能企业全员、全过程、全要素的质量管理未能实现。

三是质量管理持续改进内在动力不足。有些企业以质量为核心的文化尚不健全，还不能做到“视质量为生命，以高质量为追求”；对自身战略发展方向认知不明确，追求持续成功的能力还需加强。

四是对质量经济性认识不足。有些企业未认识到质量管理价值的重要性，对质量经济性和质量效益未予以关注，质量管理与企业经营结合不紧密，质量成本居高不下，质量效益亟待提高。

48. 质量管理体系有效性包含哪些内容?

《制造业卓越质量工程实施意见》中，“质量管理体系有效性”是综合判断制造业企业质量管理能力等级的4个二级指标之一，它包括“顾客需求关注情况、领导作用发挥情况、企业全员参与情况、过程方法应用情况、持续改进实施情况、循证决策情况、相关方关系管理情况”等7个三级指标，具体内容如下。

一是顾客需求关注情况。重点评价企业对顾客需求的关注和满足程度。例如，质量管理能力处于经验级的企业，顾客需求关注情况是仅以非正式或临时的方式确定并满足顾客的要求及适用的法律法规要求；而处于卓越级的企业，顾客需求关注情况是依据企业愿景与使命，在履行社会责任方面，提出产品和服务的更高要求，提高顾客对其产品和服务的认同度，甚至通过变革与创新，超越顾客期望，引领行业及市场发展。

二是领导作用发挥情况。重点评价企业领导者参与质量管理活动的程度。例如，质量管理能力处于经验级的企业，最高管理者仅以非正式或临时的方式参与质量管理活动，或者在质量管理方面发挥作用；而处于卓越级的企业，最高管理者则是制定创新战略与目标，推动自主创新和创新成果的运用。

三是企业全员参与情况。重点评价企业员工参与质量工作的程度。例如，质量管理能力处于经验级的企业，员工仅以非正式或临时的方式参与质量管理活动；而处于卓越级的企业，建立全员质量改进与创新机制，质量改进与创新活动不仅针对设计、生产等一线部门，而且扩展到所有部门，并取得显著的收益。

四是过程方法应用情况。重点评价企业应用质量管理过程方法的程度。例如，质量管理能力处于经验级的企业，仅以非正式或临时的方式管理过程；而处于卓越级的企业，则能够识别并运用来自内部及外部的创新成果，改善关键过程的整体绩效。

五是持续改进实施情况。重点评价企业持续改进质量活动的程度。例如，质量管理能力处于经验级的企业，仅以非正式或临时的方式开展改进活动；而处于卓越级的企业，则推动供应链上下游企业协同开展持续改进。

六是循证决策情况。重点评价企业开展循证决策的情况。例如，质量管理能力处于经验级的企业，仅依据个人经验开展决策；而处于卓越级的企业，则基于全过程、全生命周期、全价值链的质量大数据分析，实现智能决策。

七是相关方关系管理情况。重点评价企业对相关方管理的情况。例如，质量管理能力处于经验级的企业，仅以非正式或临时的方式管理与相关方的关系；而处于卓越级的企业，则与相关方对目标和价值观达成共识，向相关方传递先进质量理念以及质量管理要求、方法和工具，提升产业链供应链的质量管理水平。

49. 引导制造业企业以质取胜发展有哪些重点？

《制造业卓越质量工程实施意见》提出“要引导企业坚持以质取胜发展”，重点体现在以下三方面。

一是推动企业牢固树立“质量第一”“质量是企业生命”的理念，切实把质量工作落实到研发生产经营全过程。引导企业最高管理者认识到质量是企业生存和发展的根本，重视质量，树立以质取胜、以顾客满意为导向，构建企业先进质量文化，全员树立“质量为先”的意识，始终将质量作为核心。

二是强化企业质量战略管理，优化质量组织体系和管控模式，加强质量战略制定、实施、评估、调整闭环管理。引导企业将“以质取胜求发展”纳入企业质量战略目标，识别内外部环境因素变化，监控质量战略目标的达成情况。

三是促进企业与生态合作伙伴有效协同，确保质量战略定位、发展方向等保持延续稳定。引导企业将质量战略融入与生态合作伙伴的战略规划中，实现与生态合作伙伴之间的质量战略协同、共生共赢，共同稳定持续发展。

50. 制造业企业为什么要持续提升质量发展能力?

在2023年9月召开的全国新型工业化推进大会上，习近平总书记就推进新型工业化作出重要指示，强调“把高质量发展的要求贯穿新型工业化全过程，把建设制造强国同发展数字经济、产业信息化等有机结合，为中国式现代化构筑强大物质技术基础”。制造业高质量发展是经济高质量发展的核心内容，也是推进新型工业化、加快建设制造强国的根本路径。《制造业卓越质量工程实施意见》明确提出“提升企业质量发展能力”，主要出于以下考虑。

一是可以推动提升企业的竞争力和发展潜力。持续提升质量发展能力，可以促进制造业企业提高产品质量和提升品牌形象，满足消费者的多样化需求，增加市场份额和利润，从而提升企业的竞争力和发展潜力。

二是可以提高企业质量管理的效率和效果。持续提升质量发展能力，可以促进企业加强质量管理体系和标准化建设，提升质量管理能力和水平，降低质量成本和风险，提高企业质量管理的效率和效果。

三是可以实现企业的持续发展和优化升级。持续提升质量发展能力，可以促进制造业企业加快技术创新和转型升级，提高产品附加值和竞争力，适应市场变化和技术进步，实现企业的持续发展和优化升级。

四是可以提升企业的国际影响力和地位。持续提升质量发展能力，可以促进企业深化国际合作和开放，借鉴先进的质量理念和经验，参与国际质量标准和规则的制定、执行，拓展国际市场和资源，提升企业的国际影响力和地位。

51. 先进质量管理有哪些方法与工具？

《制造业卓越质量工程实施意见》提出“深化精益管理、六西格玛管理等先进质量管理方法的推广运用，从研发设计、生产制造、检验检测等全过程加强质量管控，持续提升全生命周期质量水平”。质量管理方法与工具是在质量管理的基本原理指导下，通过成功实践的经验积累总结出来的、能科学且经济有效地解决质量问题的通用方法与技术。

质量管理方法与工具有很多，考虑到其使用场景贯穿于产品全生命周期的各个阶段，可以将质量管理方法和工具分为策划类、实施类、检查评价类、改进类 4 个大类。由于篇幅限制，以下仅列举可能使用的方法与工具，企业可根据需要选择使用。

一是策划类，包括：与战略分析相关的方法与工具，比如宏观环境分析法、态势分析法、波士顿矩阵、平衡计分卡、标杆管理等；与过程策划相关的方法与工具，比如过程方法、流程分类框架设计、乌龟图、流程图、服务蓝图、业务流程重组（也称流程再造）等；与风险识别及评价相关的方法与工具，比如风险管理框架、失效模式与影响分析（Failure Mode and Effect Analysis，FMEA）、风险矩阵、故障树分析（Fault Tree Analysis，FTA）、人因可靠性分析（Human Reliability Analysis，HRA）等；与项目策划及质量设计相关的方法与工具，比如工作分解结构（Work Breakdown Structure，WBS）、产品质量先期策划（Advanced Product Quality Planning，APQP）、质量功能展开（Quality Functional Deployment，QFD）、实验设计（Design of Experiment，DOE）、可靠性设计等。

二是实施类，包括：与过程控制相关的方法与工具，比如统计过程控制（Statistical Process Control，SPC）、过程能力分析、控制图、测量系统分析（Measurement Systems Analysis，MSA）等；与检验及准入相关的方法与工具，比如产品抽样检验、生产件批准程序（Production Part Approval Process，PPAP）等。

三是检查评价类，包括与质量评价相关的方法与工具，比如符合性评价模型、质量管理成熟度评价、顾客满意度测量等。

四是改进类，包括与质量改进相关的方法与工具，比如约束理论（Theory of Constraints，TOC）、精益生产、六西格玛、8D 问题解决法（Eight Disciplines Problem Solving，8D，业界也称团队导向问题解决方法）、5why 分析法、创造式解决问题的方法等。

52. 制造业企业树立顾客满意导向的重要意义是什么？

顾客满意是顾客对其期望已被满足程度的感受。《制造业卓越质量工程实施意见》提出“促进企业树立用户满意导向”，其目的是引导制造业企业围绕顾客需求，促进产品迭代和质量提升，提高企业核心竞争力，持续增强顾客满意，实现可持续发展。它的重要意义体现在以下几个方面。

一是顾客满意是企业成功的关键因素。顾客是企业存在和发展的基础，顾客满意衡量的是顾客对产品和服务的期望是否得到满足或者在多大程度上得到满足的心理感受，只有让顾客满意，企业才能赢得市场份额和口碑。

二是顾客满意是企业持续发展的基础。一个满意的顾客可以成为企业最好的宣传者，为企业带来更多的潜在顾客。相反，一个不满意的顾客带给企业的很可能会是负面的评价，从而影响企业的形象和声誉。只有持续不断地保持顾客满意，企业才能赢得顾客的忠诚和信任，才能保持市场竞争力和生命力，实现可持续发展。

三是顾客满意是企业引领行业的动力。成功的企业依据愿景和使命，不仅追求顾客满意，还主动超越顾客需求，通过不断创新，对产品和服务提出与社会责任有关的更高要求，提高顾客对企业产品和服务的认同度，塑造企业良好社会形象，实现引领行业及市场发展的目标。

53. 制造业企业如何开展顾客满意度调查?

顾客满意度不仅反映企业产品质量和服务水平，还反映企业的品牌形象和市场地位，是衡量企业成功与否的重要指标之一。顾客满意度越高，企业的口碑越好，就越容易吸引新顾客并保持老顾客的忠诚度。因此，企业需持续监测顾客满意度变化以不断满足顾客的需求和期望，持续达到顾客满意。获取顾客满意度信息的方式包括开展顾客满意度调查、收集顾客对交付产品或服务的反馈、顾客会晤、赞扬、索赔担保和经销商报告等。其中，开展顾客满意度调查是企业比较常用的方式，通常包括以下 6 个步骤。

一是确定满意度调查的范围。企业既可以对产品和（或）服务进行顾客满意度全面调查，也可以对产品和（或）服务的某个方面或某个过程、活动进行顾客满意度调查。

二是确定满意度调查的指标。企业可以根据所确定的调查范围，以及所识别的顾客和顾客需求，确定调查指标。

三是确定满意度调查的方法。企业可以根据调查的范围、调查指标、拟投入的资源等因素，确定适宜的调查方法，例如电话调查、面谈调查、网络在线调查等。此外，还应综合考虑调查对象的类型，如个人或组织。

四是获得满意度调查数据，包括：根据调查的范围、拟投入的资源、调查的时间周期等因素确定调查抽取样本的数量，若企业的业务模式是 To C（To Customer）的形式，可以考虑采取简单随机抽样、分层抽样等方法；若企业的业务模式是 To B（To Business）的形式，顾客数量相对较少，则可以考虑采取全部调查或简单随机抽样。总之，应保证抽取样本数量充分且具有代表性。设计问卷，问题应涵盖产品质量、性能、价格、服务等多个方面，确保全面了解顾客满意度；实施调查，依照所策划的调查方法实施调查，在实施调查的过程中应确保调查数据的质量。

五是数据统计与分析，包括：数据准备，对所获得的调查数据进行检验，剔除不可用的数据；确定数据统计分析方法，根据数据的类型以及调查的范围选择合适的统计方法；统计与分析，依照数据统计方法统计出顾客满意度调查结果，并进一步进行分析，识别出影响顾客满意度的主要因素，提出改进建议。

六是编写顾客满意度调查报告与结果应用。根据调查结果，汇总和整理相关信息，编写顾客满意度调查报告，并将调查分析结果传递给相应的需求部门（如研发部门、生产部门），共同分析识别改进机会。

54. 制造业企业如何做到“以顾客为关注焦点”？

“以顾客为关注焦点”是 GB/T 19000—2016《质量管理

体系　基础和术语》提出的七项质量管理原则之一。企业只有“以顾客为关注焦点”，持续满足顾客要求并且努力超越顾客期望，才能获得持续成功。根据《制造业企业质量管理能力评估规范》中关于“顾客需求关注情况”的评估检查要求，企业可以从以下方面做到“以顾客为关注焦点”。

一是企业需要识别直接顾客和间接顾客，建立并运行管理顾客需求的过程，开展顾客需求调研和分析，围绕顾客的需求和期望，对产品的设计、开发、生产、交付、支持等全过程进行策划，并持续监测顾客满意度的变化，用于分析和改进。

二是企业需要采用适宜的质量技术、工具及方法（如原型样件分析法、KANO 模型等）分析、确定并满足顾客的隐含需求以及使用时产品的通用质量特性需求；通过对内部及外部指标的持续监测，如已交付产品的质量绩效、对顾客造成的干扰、交付时间安排的绩效、来自经销商或顾客的质量或交付问题、交付及使用现场退货、召回和保修等，发现问题并实施改进。

三是企业需要采用多种方式（如顾客关系管理系统、电商平台或在线调研等）来获取顾客相关数据，洞察顾客的偏好，构建顾客画像，识别并满足顾客的个性化需求及未来可能的需求。这些数据包括但不限于顾客规模、年龄阶段、顾客消费能力、渠道质量与推广转化效率、顾客参与程度、对功能及性能的关注度等。企业还需要识别政策的调整、同行竞争、新技术的应用等带来的与顾客需求有关的风险和机遇，采取有效应对措施；通过提供增值服务，主动管理与顾客的关系，提高顾客的忠诚度。

四是卓越的企业应履行社会责任，依据企业的愿景与使命，对产品和服务提出与社会责任有关的更高要求，这些要求包括执行严于国家及行业标准的环保要求、策划并开展产品回收再利用、对产品及生产过程本身提出节能要求等。另外，企业还需要主动对产品和服务开展变革与创新，以超越顾客期望，引领行业及市场的发展。

55. 制造业企业为什么要充分发挥企业最高管理者及其他相关管理者的领导作用？

《制造业卓越质量工程实施意见》提出的“发挥企业最高管理者作用”与GB/T 19000—2016《质量管理体系　基础和术语》提出的“领导作用”理念一致。充分发挥企业最高管理者及其他相关管理者的领导作用，强化企业最高管理者质量意识，使其真正认识到质量管理的重要性，可以带领企业在复杂变化的环境中实现持续健康高质量发展。领导作用具体表现如下。

一是引领和规划企业发展方向。企业的最高管理者具有战略眼光和全局观，能够根据市场环境、企业资源和发展阶段制定科学的发展战略，推动建立数据驱动的战略决策与风险管控模式，制定创新战略与目标，推动数智赋能。其他相关管理者则负责具体执行这些战略，通过日常管理、决策和协调来推动企业实现发展目标。

二是建立企业文化和价值观。企业最高管理者也是企业文化的塑造者，他们通过自身的言行和决策，影响着整个企业的愿景、使命、核心价值观。其他相关管理者则在企业文化的传播和落地过程中发挥着关键作用，确保企业文化被广大员工所认同和接受，并通过在产业链中传播，共建质量文化生态。

三是组织和协调企业资源。企业最高管理者及其他相关管理者的重要职责之一是组织和协调企业资源，这些资源包括人力、物力、财力等。企业最高管理者及其他相关管理者可以确保资源得到合理配置，推动质量技术、工具及方法在企业内的研究与应用，并为数字化战略提供资源保障。

四是培养和激励员工。企业最高管理者及其他相关管理者为员工的发展和成长建立通道，通过培训、晋升、激励等方式提高员工的工作积极性并激发他们的创新能力。

五是监控和改进企业管理。企业最高管理者及其他相关管理者通过对企业管理的各个方面进行监控和改进，定期评价企业运营状况，主动识别、应对风险和机遇，积极创新，持续改善过程的整体绩效；推动质量管理范围从企业内部向生态圈协作转变，更好地履行社会责任和提升企业的行业竞争力。

56. 领导作用的内涵是什么？

领导作用的内涵为“率领”并“引导”。“率领”是指企业的最高管理者应确立企业的发展方向，制定企业的战略目标，确定企业的愿景与使命，并通过战略策划和决策予以实现；“引导”是指最高管理者应在企业内塑造全体员工为了实现战略目标而共同努力的企业文化。根据《制造业企业质量管理能力评估规范》中关于“领导作用发挥情况”的评价要求，最高管理者应从以下几个方面充分发挥领导作用。

一是最高管理者应主持制定并正式发布质量方针和目标。方针和目标应包括满足适用要求及持续改进质量管理体系的承诺，能够反映顾客的需求和期望，且需适应企业的发展环境并与战略保持一致。最高管理者还应通过各种方式开展质量方针、目标的宣贯，确保方针、目标被企业员工理解和认同。

二是最高管理者应确定质量保证职责及权限，确保提供质量管理所需的资源，如测量设备、作业环境等；应明确其他各层级领导的职责与权限，支持其他各级管理者在实现其职责、完成目标方面发挥作用。

三是最高管理者应在最高管理层中任命质量管理体系负责人，如设立首席质量官，以全面负责质量管理策略与计划、管理质量体系、管理供应链质量、处理质量问题并推动持续改进等工作。

四是最高管理者应定期组织开展管理评审活动，确保质量管理体系的适宜性、充分性和有效性，并识别改进机会。

五是最高管理者应制定与质量技术、工具及方法运用有关的推进目标，明确相关职责权限并提供资源支持，推动质量技术、工具及方法在企业内的研究与应用，提高质量管理过程能力。

六是最高管理者应制定数字化战略及目标，明确实现数字化战略的阶段任务，推动建立数据驱动的战略决策与风险管控。

七是最高管理者应将创新纳入战略目标，明确创新战略的阶段任务，提供资源，支持开展自主创新和创新成果运用。

57. 制造业企业设立首席质量官的意义是什么？

《质量强国建设纲要》提出“加强全员质量教育培训，健全企业首席质量官制度，重视质量经理、质量工程师、质量技术能手队伍建设”。《制造业卓越质量工程实施意见》也明确提出“支持有条件的企业设立首席质量官”。制造业企业设立首席质量官主要具有以下意义。

一是有利于有效保障产品质量安全。首席质量官可以统筹质量管理，制定和实施质量战略，确保企业产品和服务质量的可靠性、稳定性与安全性。首席质量官可以监督企业落实质量安全主体责任，建立完善的质量管理体系，预防质量安全事故的发生，有效保障产品质量安全。

二是有利于增强企业竞争力。首席质量官可以通过优化质量管理流程，降低企业运营成本，提高工作效率。首席质量官可以通过引入先进的质量管理理念和方法，推动企业持续改进，提高产品质量和服务水平。首席质量官还可以帮助企业更好地适应国际市场的需求，提高产品在国际市场上的竞争力，从而增强企业的竞争力。

三是有利于促进企业和行业发展。首席质量官可以在企业内部推动质量管理教育和培训，培养和造就一支高素质的质量管理人才队伍，为企业长远发展提供有力的人才保障。优秀的首席质量官在行业内还扮演着重要引领角色，通过推动行业质量标准的制定和实施，促进整个行业高质量发展。

58. 如何理解质量意识？制造业企业为什么要增强质量意识？

《制造业卓越质量工程实施意见》高度重视提升企业质量意识工作，将增强企业质量意识作为四项重点任务之一。质量意识是指个人或企业对产品质量重要性的认识和对质量管理的重视程度，以及对追求卓越质量的态度和行为。制造业企业增强质量意识直接关系到企业的竞争力和生存能力，具体可以为企业带来如下 6 个方面的益处。

一是促进企业提供优质产品和服务。质量意识的增强可以帮助企业提供更优质的产品及服务，满足顾客需求和期望，促进顾客满意度的提升。

二是促进企业提高市场竞争力。市场竞争激烈，增强质量意识可以帮助企业建立良好的品牌声誉，提高市场竞争力。

三是促进企业降低成本和风险。通过增强质量意识，企业可以预防质量问题的发生，减少不合格品的产生，降低产品召回、维修和退货等额外成本。

四是促进企业建立良好的供应链关系。制造业企业通过增强质量意识，并对供应链施加影响，与供应商建立稳定的合作关系，确保供应链的质量稳定和可靠性，以确保产品的整体质量。

五是促进企业符合法律法规和标准要求。制造业企业需要遵守各种法律法规和标准要求。通过增强质量意识，企业能够更好地确保合规性。

六是促进企业持续改进和创新。制造业企业通过增强质量意识，可以更及时地发现和解决质量问题，不断提升产品和过程的质量，推动持续改进和创新。

59. 为什么要推动制造业企业全员参与质量工作？

《制造业卓越质量工程实施意见》提出“引导企业明确全员参与质量工作的重要性和必要性；推动企业开展群众性质量活动，加强全员质量培训和经验分享，加大对质量改进和创新成果的激励力度，有效调动全员参与质量提升的主动性、积极性”。推动企业全员参与质量工作，可以增强员工质量意识、提升企业质量发展能力，具体表现在以下6个方面。

一是能够推动员工重视质量，提高企业水平。按照木桶原理，短板部分往往决定整个企业的水平。企业全员参与质量工作，可以推动员工认识到提升质量的重要性，促使每位员工都追求高质量，企业水平也随之提升。

二是能够提高员工参与质量改进的程度，增强责任感。全员参与质量工作可以增强员工对产品质量的重视和认识，形成质量第一的观念，促使员工主动发现质量隐患，更有效地参与改进。

三是能够促进个人发展、提高员工能力和创造力。全员参与质量工作可以为员工提供培训和学习机会，促进提升专业知识水平和管理技能，提升员工能力和创造力，促使员工开展自主决策和创新，提出改进措施和解决方案，从而增强质量管理的效果。

四是能够提高顾客及员工满意度。全员参与质量工作可以保障员工获得良好的工作环境和更多的职业发展机会，激发员工工作的积极性、主动性，有效提高产品质量和服务水平，满足顾客需求和期望，提升顾客满意度。

五是能够增强企业内的相互信任和协作。全员参与质量工作可以促进团队的协作和合作，共同解决质量问题，提高问题解决能力和效率。

六是能够促进整个企业对共同价值观和文化的塑造。在“质量第一”核心价值观的引领下，全体员工共同努力，可以减少质量问题带来的成本和损失，不断提升产品质量，提高企业竞争力，赢得更多的市场机会。

60. 推动企业全员参与质量工作的主要路径是什么？

“全员积极参与”是 GB/T 19000—2016《质量管理体系　基础和术语》提出的七项质量管理原则之一，根据《制造业企业质量管理能力评估规范》中关于“企业全员参与情况”的评价要求，企业可通过以下途径推动全员参与质量工作。

一是建立完善的人员管理制度。明确人员能力要求，配备任务所需的人员，将质量职责授权到所有职能领域，通过教育、培训，强化全员质量意识；开展个人质量的绩效评价，表彰员工在实现质量目标、持续改进方面取得的贡献和进步。

二是提升员工应用质量技术、工具和方法以及数据分析的能力。确定不同岗位人员应掌握的质量技术、工具和方法以及数据分析和运用的能力，通过培训和招聘具备能力的人员等方式确保相应岗位人员掌握相应能力，以达到提升质量管理过程绩效的目的。

三是建立适宜的沟通渠道。开展员工的满意度调查，识别制约员工积极参与质量工作、发挥个人能力的因素，提升员工对质量管理活动的参与程度。建立质量管理过程跨部门 / 跨职能协作，利用便捷的通信工具、信息系统和问题库，开展知识分享和经验交流，促进全员参与质量工作。

四是推动全员积极参与改进与创新。建立全员质量改进与创新机制，如成立 QCC 小组等方式，推动各个过程、职能和层级的员工参与质量管理改进与创新活动。

61. 为什么要增强制造业企业质量技术创新应用能力？

《制造业卓越质量工程实施意见》明确提出“加快质量技术创新应用”。质量技术创新应用能力是指企业在质量管理过程中，通过引入和应用新技术、新工艺和新方法，提升产品质量、优化生产流程、降低成本，提高管理效率的能力。制造业企业增强质量技术创新应用能力，有利于补齐产品和服务质量的短板，提升质量发展能力，为企业发展带来益处，具体表现如下。

一是有利于提升企业竞争力。加快质量技术创新应用可以帮助制造业企业提高产品和服务的质量水平，满足市场需求，赢得顾客的信赖和满意度，从而在市场竞争中占据优势。

二是有利于提高企业经济效益。制造业企业通过技术创新，改进生产工艺和管理流程，可以提高生产效率，提高资源利用效率，降低能源和原材料消耗，降低生产成本。

三是有利于实现高质量的经济增长。加快质量技术创新应用使制造业企业能够及时调整、优化产品和服务，满足市场变化的需求，保持竞争优势。

四是有利于促进新产业发展。加快质量技术创新应用对推动制造业的转型升级具有重要作用。通过技术创新和质量提升，企业能够开发新的产品和服务，拓展新的市场，推动产业结构优化升级，实现可持续发展。

62. 制造业企业应用过程方法的主要作用是什么?

《制造业卓越质量工程实施意见》提出“创新质量管理过程方法”。GB/T 19000—2016《质量管理体系　基础和术语》指出“将活动作为相互关联、功能连贯的过程组成的体系来理解和管理时，可更加有效和高效地得到一致的、可预知的结果”。为使企业有效运行，必须识别和管理许多相互关联和相互作用的过程。推动制造业企业应用过程方法，可以增强企业实现预期目标的有效性和效率，主要作用如下。

一是有利于企业提高关注关键过程和改进机会的能力。

二是有利于企业通过协调一致的过程组成的体系，得到一致且可预知的结果。

三是有利于企业通过对过程的有效管理、对资源的高效利用及跨职能壁垒的减少，实现最佳绩效。

四是有利于企业提升稳定性、有效性和效率方面的能力，增强相关方的信任。

63. 制造业企业应用过程方法的具体举措有哪些？

当前，质量管理过程的理念及技术在不断变革，制造业企业需要不断识别可以用于改进关键过程整体绩效的变革和创新方法，并推动相关成果应用，以确保不断提升关键过程的管理水平。根据《制造业企业质量管理能力评估规范》中关于“过程方法应用情况”的评价要求，企业应用过程方法的具体举措如下。

一是确定质量管理体系所需的过程，识别每个过程运行所需的资源，这些资源包括人员、职责、权限、设施、设备、运行的准则方法及监视测量要求。

二是对过程开展设计及验证，以确保过程控制的合理性和有效性。

三是按照策划开展对过程的控制，并严格管理过程的变更，以确保过程的稳定。

四是确定对每一个过程的监测指标及目标，策划并合理开展对过程的监测，以确保了解、掌握过程的变化和绩效。

五是要依据过程管理的需求，充分识别并运用适宜的质量技术、工具及方法，对关键过程的管理要求进行固化和优化。

六是通过对过程性能的统计和分析结果，建立和维护关键过程的性能基线，并以此为基础开展对产能、质量、竞争优势的估算。

七是对内部、外部环境变化及过程的风险保持高度的敏感性。当风险发生时，能够及时按照已经制定的预案或按照企业的方针、战略及目标所给出的管理原则，指导自身对风险开展动态管理。

八是对于质量管理能力处于卓越级的企业，还要识别并运用来自内部及外部的创新成果，改善关键过程的整体绩效。

64. 实施持续改进对制造业企业有什么重要作用?

“改进”是 GB/T 19000—2016《质量管理体系　基础和术语》提出的七项质量管理原则之一，成功的企业总是致力于持续改进。改进对于企业保持当前的业绩水平，对其内外部条件的变化做出反应并创造新的机会都是非常必要的。根据木桶原理，短板部分往往决定整个企业的水平。最高管理者应鼓励员工进行改进，补足“短板”，将对产品、过程和体系的改进作为企业每一名员工的目标，进而形成组织起来的力量，超过竞争对手，满足顾客需求。持续改进对制造业企业的重要作用体现在以下 6 个方面。

一是能够识别出过程中可能存在的问题和瓶颈，并加以改进。通过优化流程、减少资源和成本的浪费，提高企业过程绩效和质量管理能力。

二是能够及时满足顾客需求，提供更高质量的产品和服务。始终关注顾客需求，与顾客保持良好的沟通和反馈，从而增加顾客满意度和忠诚度。

三是通过导入六西格玛、FMEA、5why 分析法、8D 等具有系统性的质量持续改进方法，可增强企业对质量问题根本原因的调查、分析能力，以及制定并实施有效的纠正措施的能力。

四是提高企业对内外部风险和机遇的预测及反应能力，使得企业能够不断调整和适应市场的需求变化，提高竞争力，保持竞争优势。

五是能够帮助企业关注目标，统筹考虑成本和收益，综合决定采用单点改善、部门或区域内改善等方式对现有过程进行渐进性改进；或由产品和工艺设计的创新触发对现有过程进行较大规模的更新；或实施新过程的突破性改进，增强企业对实施渐进性和突破性改进的管理能力。

六是鼓励员工思考如何更好地解决问题、应对挑战，通过评价和反思过去的经验，吸取教训，开展学习和创新，从而掌握改进的及新的技术和方法；增强企业更好地利用学习来改进的动力，增强企业创新能力。

65. 制造业企业如何有效实施持续改进?

《制造业卓越质量工程实施意见》提出“引导制造业企业科学识别质量提升关键要素，找准短板弱项，制定针对性强的质量改进目标和工作举措，采用策划、实施、检查、处置模式开展持续改进，推动管理持续完善、产品迭代升级”。改进具有持续性，贯穿于企业的日常运营和决策中，是企业文化的一部分，可以采用策划、实施、检查、处置模式开展持续改进，具体如下。

一是策划（Plan），基于质量绩效，找准短板弱项，确定企业所有层级的改进目标及改进机会，制定改进方案。

二是实施（Do），确保资源支持，实施改进方案。

三是检查（Check），定期对改进过程进行监控和审查，确保持续改进有效，收集数据和信息评估改进效果，确定是否到达到预期目标。

四是处置（Act），不断学习总结，优化改进方法和流程，将成功的经验和方法总结、分享和推广；识别新的改进机会，纳入下一个改进周期中。

以上4个过程不是运行一次就结束，而是周而复始地循环，遗留问题转入下一个周期去解决。在改进过程中，应当使用适宜的质量技术、工具及方法，如FMEA、5why分析法、8D等。

制造业企业通过不断实施持续改进，可推动产业链供应链上下游企业协同，达到共同有效提升质量管理能力的期望。

66. 如何理解制造业企业开展循证决策？它的主要目的是什么？

《制造业卓越质量工程实施意见》提出“科学运用循证

决策模式”。GB/T 19000—2016《质量管理体系　基础和术语》指出，“决策是一个复杂的过程，并且总包含某些不确定性。它经常涉及多种类型和来源的输入及其理解，而这些理解可能是主观的。重要的是理解因果关系和潜在的非预期结果。对事实、证据和数据的分析可导致决策更加客观、可信”。循证决策，应基于数据和信息的分析与评价进行，减少主观偏见和不确定性，提高决策的科学性和准确性。企业开展循证决策主要有以下 5 个目的。

一是降低并减少决策风险。通过收集和分析可靠的数据和证据，可以更准确地评价各种决策方案的潜在风险，并选择最佳的决策方案。

二是提高决策质量。通过对现有数据和证据的分析、评价，可以避免主观偏见和个体认知对决策的影响，制定更为客观和可靠的决策。

三是改进决策过程、优化资源配置。通过对数据和证据的分析，可以识别、评价不同决策方案的影响和效果，从而更好地改进决策过程、分配有限的资源。

四是提高效率。通过基于证据的决策，企业可以减少决策的迟疑和拖延。

五是持续改进和创新。通过对数据和证据的分析，可以发现问题和改进的机会，并持续优化运行、决策和行动。循证决策能够鼓励企业不断学习和创新，提高企业的竞争力和适应能力。

67. 制造业企业开展循证决策的突破口在哪里？

“循证决策”是GB/T 19000—2016《质量管理体系 基础和术语》提出的七项质量管理原则之一，即基于证据的决策。根据《制造业企业质量管理能力评估规范》中关于“循证决策情况”的评估检查要求，制造业企业开展循证决策主要从以下4个方面着手。

一是建立质量目标监测、分析、评价及决策的管理过程和要求，有效实施质量管理。这些过程和要求可包括监测的对象、方法和工具、时机、结果分析、评价及制定决策等。在确保这些过程和要求有效运行的前提下，对体系的绩效和有效性开展监测、分析和评价。依据监测的结果，权衡经验和直觉，开展决策并采取措施。

二是使用适宜的质量技术、工具和方法开展监测、分析和评价，确定测量系统分析的频次与需求，开展测量系统分析，确保决策数据的准确性和决策的科学性。

三是整合质量数据资源，在所有层级识别、收集和整理数据及信息的使用需求，在信息系统的支持下，充分收集并汇总内部及外部的质量数据资源，建立数据分析模型与应用指南，依据动态的数据分析结果，为关键过程的管理提供动态的优化建议和决策支持。

四是实现智能决策，这是对质量管理能力处于卓越级的企业提出的更高要求。企业可采用基于全过程、全生命周期、全价值链的质量大数据分析，在关键过程的管理中实现人工智能辅助决策。

68. 制造业企业加强相关方关系管理的主要作用是什么？

“关系管理”是 GB/T 19000—2016《质量管理体系　基础和术语》提出的七项质量管理原则之一。相关方指的是能够影响企业的决策或活动，或者受企业的决策或活动影响的个人和组织。顾客、股东、员工、供方和企业所在的社区等都是企业的相关方。相关方构成了企业生存发展的生态系统，也是企业重要的环境资源。加强相关方关系管理能够带来以下益处。

一是通过积极响应与所有相关方有关的机会，并将它们的需求纳入质量管理的视野，企业可以构建一个更加均衡和可持续的质量管理系统，从而提高企业及其相关方的绩效。

二是加强相关方关系管理，与相关方就目标和价值观形成共同的理解，可以尽可能地发挥相关方对企业实现目标的作用。

三是通过共享资源和人员能力，管理与质量有关的风险，增强为相关方创造价值的能力。

四是获得管理良好、可稳定提供产品和服务的供应链。

69. 制造业企业如何提高相关方关系管理水平?

独行快，众行远。企业如果想取得长期成功，需要不断提高相关方关系管理水平，不断吸引、赢得和保持相关方的支持。根据《制造业企业质量管理能力评估规范》中关于“相关方关系管理情况”的评价要求，企业可以从以下几个方面来提高相关方关系管理水平。

一是建立相关方关系管理过程，识别相关方并确定相关方需求和期望，持续监测、评审、评价相关方关系管理过程的运行及其信息要求的变化。企业需要对相关方关系进行管理，针对供应商制定开发及评价准则，选择并使用合格的供应商，选用时可考虑优先选择具备同级或更高级别质量管理能力的供应商，采取适宜的管理措施持续监测供应商绩效（如来料检验），并可以采用召开供应商表彰大会等方式来鼓励供应商及合作伙伴。

二是在评价相关方对企业质量绩效影响的基础上，对相关方实施分类管理，在管理中应用如开展产品质量先期策划（APQP）及生产件批准程序（PPAP）等质量工具与方法；与相关方建立共同收集信息、专业知识和资源的机制，实现信息专业知识和资源的共享。

三是利用信息技术手段与关键相关方建立实时的质量数据互信（如基于数据对部分来料免检），以增强与相关方合作关系的稳定性；对于影响企业业务连续性的相关方，需要进行识别并制定措施应对可能发生的风险。

四是质量管理能力已经达到卓越级的企业，应实现与相关方基于双方对彼此使命、愿景及价值观的共同理解开展战略性长期合作（如签署长期战略合作协议），主动向相关方传递企业自身管理的先进理念、要求、方法和工具，采用如共同技术攻关的方式对相关方提供技术支持，提升产业链供应链质量管理水平。

五、质量管理数字化

70. 什么是质量管理数字化？

质量管理数字化是通过新一代信息技术融合应用，推动质量管理活动数字化、网络化、智能化升级，增强全生命周期、全价值链、全产业链质量管理能力，提高产品和服务质量，促进制造业高质量发展的过程，可以简单理解为数字化条件下的质量管理。

与传统质量管理相比，质量管理数字化的工作内涵并未发生本质性的改变，二者均是利用一系列技术、方法和工具，系统地开展质量策划、质量控制、质量保证和质量改进等的活动，对产品和服务质量进行有效管控，但二者在关注焦点、管理范围、工作手段等方面存在差别。

一是在关注焦点方面，传统质量管理主要面向工业时代相对稳定的发展环境，更多关注规模化生产中的质量问题；质量管理数字化主要面向数字时代的不确定性需求，在关注规模化生产中的质量问题的同时，更加关注对顾客个性化、差异化需求的快速满足和高效响应。

二是在管理范围方面，传统质量管理更多是针对企业、供应链范畴的质量管理。随着数字化的深入发展，质量管理的范围从企业质量向生态圈质量加速转变，由强调质量管理岗位分工、上下游质量责任分工转变为强调以顾客为中心的质量协作，更加注重对产品全生命周期、产业链供应链乃至生态圈质量进行全面管理。

三是在工作手段方面，质量管理数字化在应用传统质量管理沉淀的方法、工具的基础上，进一步应用数字化、智能化的设备装置、系统平台等，注重以顾客为中心的流程优化重构与管理方式变革，充分挖掘数据在质量管理创新方面的驱动作用，系统化提升企业质量管理数字化能力。

71. 推进制造业企业质量管理数字化的重要意义是什么?

《质量强国建设纲要》提出，“开展质量管理数字化赋能行动”“引导企业开展质量管理数字化升级”。《制造业卓越质量工程实施意见》也明确将“推进质量管理数字化”作为四项重点任务之一。推进制造业企业质量管理数字化是增强企业质量管理能力、提升企业质量协同效率、促进制造业高质量发展的重要举措，主要体现在以下几个方面。

一是提升企业质量管理水平。通过数字化，使企业能够实现对产品与服务全生命周期、全价值链、全产业链的精细化管理，显著提升质量管理能力。通过系统地推进数字技术与质量管理深度融合，实现数据驱动的质量策划、质量控制、质量保证和质量改进，优化质量管理流程，快速识别并解决质量问题，减少人为偏差，从而提高质量工作的效率和精度。

二是增强企业质量控制能力。通过数字化系统实现质量管理全过程的实时跟踪与监控，确保质量管理全流程可视化和透明化。通过数字化手段进行质量自动控制和预防性维护，确保生产设备稳定运行，减少设备故障和生产中断，提升产品生产的稳定性和一致性。

三是提高企业质量决策水平。通过构建基于数据分析的质量判定、质量改进、质量预防等模型，形成数据驱动的智能化决策机制，有效提升质量决策的科学性与准确性，从而降低质量风险，提升顾客体验，增强企业的市场竞争力。

四是提高企业质量协同效率。通过质量数据自动采集、集中管理以及高效共享机制，促进企业内部跨部门质量协同和产品服务创新，促进企业和供应链伙伴之间的信息共享和协作。通过质量管理数字化的应用，带动供应链上下游质量管理联动，提高供应链的响应速度与灵活性，确保产品质量的一致性。

五是提升企业质量经济效益。推进质量管理数字化有助于企业实时监控生产状态，及时发现问题并进行调整，有效降低不良品率和内外部质量损失率。通过优化资源配置与生产流程，提高劳动生产率，降低运营成本。长远来看，这有助于企业将质量优势转化为经济效益，不断向产业链、价值链中高端迈进。

72. 制造业企业为什么应开展研发设计数字化？

《制造业卓越质量工程实施意见》提出，“推动研发设计数字化”“从源头防止质量风险，解决质量问题”。质量源于设计，产品设计质量决定产品的固有质量。企业开展研发设计数字化，能够提高研发设计效率、提升产品质量和可靠性、满足个性化定制需求、促进产品创新，助力企业在市场竞争中取得更大优势，具体体现如下。

一是有助于企业提高研发设计效率。研发设计数字化工具的应用，推动了设计流程的标准化和模块化。数字化工具能够自动完成如初步方案生成、参数优化等部分的设计工作，可提高设计效率。研发设计数字化平台可支持多部门、多地点团队的实时协作，加快设计评审和反馈的速度，减少误解和错误，从而大幅缩短设计周期。

二是有助于企业提升产品质量和可靠性。通过运用数字孪生、可靠性设计与仿真等技术，企业可以在虚拟环境中对产品的性能、寿命、可靠性等进行全面测试和分析。这种方式不仅能提前发现潜在问题，还能为优化设计提供数据支持，帮助企业提高质量策划水平，从源头防范化解质量风险，提升产品质量和可靠性。

三是有助于企业满足顾客个性化需求。研发设计数字化使得定制化设计变得更加容易和高效。企业可以快速调整设计方案以满足顾客的个性化需求，提高顾客满意度和忠诚度。利用在线平台或增强现实 / 虚拟现实（Augmented Reality / Virtual Reality，AR / VR）技术，企业可以邀请顾客参与到设计过程中来，共同创造符合顾客期望的产品，从而增强顾客与品牌之间的互动和联系。

四是有助于企业持续创新和发展。研发设计数字化可以激发新的创意和设计思路，为企业提供更多的创新可能性。企业可以通过不断探索、尝试新的设计方法和理念，推动产品的持续创新和发展。

五是有助于企业优化资源配置，降低成本。通过数字化手段进行产品设计和测试，企业可以大幅减少物理原型的制造和测试成本。同时，数字化工具帮助企业更精确地管理和分配研发资源。通过实时监控和数据分析等手段，企业可以及时发现并解决资源浪费和瓶颈问题，提高资源使用效率并降低运营成本。

73. 制造业企业研发设计数字化主要体现在哪些方面？

制造业企业研发设计数字化主要体现在以下几个方面。

一是能够运用数字化技术管理研发设计过程。采用产品生命周期管理（Product Lifecycle Management，PLM）和产品数据管理（Product Data Management，PDM）等系统，并集成企业资源计划（Enterprise Resource Planning，ERP）和供应链管理（Supply Chain Management，SCM）等系统，实现设计数据的集中存储、版本控制、变更管理和流程自动化，提高数据的一致性和可追溯性。

二是能够运用数字化设计工具确认产品质量特性。应用计算机辅助设计（Computer-Aided Design，CAD）和计算机辅助工程（Computer-Aided Engineering，CAE）等数字化设计工具，快速创建和模拟产品设计，有效确认产品的质量特性；支持多学科集成设计，如结构材料、力学、热学、电磁学等，确保产品设计在多个维度上均能达到最优。

三是能够运用数字化技术识别最优设计方案。通过数字孪生、可靠性设计与仿真等技术，在规模制造之前进行产品验证和测试，减少原型制作和测试成本；通过对外观、结构、性能等关键要素的设计仿真和迭代优化，开展设计失效模式与影响分析，识别最优设计方案。

四是能够运用数字化技术对设计过程数据进行分析和优化。运用大数据分析技术，对设计过程中的海量数据进行深度挖掘，识别隐藏的设计规律和趋势，为设计决策提供有力支持。基于设计过程数据，建立预测性维护模型，可预测产品在使用过程中可能出现的问题，为售后服务和产品改进提供依据。

五是能够通过数字技术实现网络化协同设计。通过网络化协同设计平台，实现跨地域、跨组织实时或异地共享设计资源、交换设计信息、协同完成设计任务，可以极大提高设计效率和质量，促进设计创新和知识共享。

74. 制造业企业促进生产制造数字化的主要作用是什么？

《制造业卓越质量工程实施意见》提出，“促进生产制造数字化”“持续提升生产过程质量控制水平，减少人为偏差”。生产制造过程是决定产品质量的重要环节。制造业企业促进生产制造数字化的主要作用体现如下。

一是提升生产效率，降低生产成本。通过应用数字化技术，企业能够有效减少人工操作环节，优化生产流程设计，从而大幅提升生产效率。依托自动化与智能化技术，实现对生产设备运行状况的远程实时监测与预测性维护，确保设备处于最优运行状态，实现利用率最大化，进而降低生产成本，提高利润率。

二是全面升级产品质量控制。通过应用传感器技术、机器视觉、自动化控制及高精度测量仪器，企业能够采集各生产阶段的产品质量数据，并运用智能化算法进行在线诊断与分析，实现质量问题的智能预警与精准管控。这一过程有效减少了人为偏差，提升了生产过程的质量控制水平，确保了产品质量的稳步提升。

三是满足柔性化生产需求。借助先进的数字化系统，企业能够实现生产排产与生产制造过程的数据共享，能够实时分析生产数据，为生产决策提供坚实的数据支撑。这一能力使企业能够迅速响应市场变化，灵活调整生产计划，满足柔性化、小批量和多样化的生产需求。

四是促进企业可持续发展。通过物联网技术与数字化系统融合应用，企业能够实现对动环设备的远程在线监测，根据实时数据动态调整动环设备运行参数，有效降低资源和能源消耗。此举不仅有助于企业实现节能减排目标，更促进了企业的长期可持续发展。

75. 如何评价制造业企业的生产制造数字化水平?

制造业企业的生产制造数字化水平可从以下几个维度进行评价。

一是生产制造数字化管理现状。评价是否建立了生产制造数字化管理过程和系统，是否在关键工序引进了自动化/数字化生产设备，例如智能制造设备、云计算平台、物联网技术等，能否利用信息系统管理关键工序的生产制造过程数据。

二是数据集成与分析能力。评价是否部署了新型数字基础设施，实现对关键工序生产制造过程数据的自动采集；是否具备运用基于统计分析技术的数字化工具对关键过程进行质量控制的能力；能否有效收集、整合并分析各生产环节的数据，帮助管理层做出更明智的决策。

三是设备的数字化与智能化水平。评价企业生产线上智能化技术的应用程度，例如是否利用机器人、自动化装配线等设备形成了人机协同的共生生态；是否通过信息技术/运营技术（Information Technology / Operation Technology，IT/OT）系统集成，实现了对生产设备的远程监控和对关键设备的预测性维护；是否通过不同系统和平台之间的集成，实现了数据共享和流程协同。

四是生产制造过程的数字化管控水平。评价是否对关键工序的生产制造过程进行了数字化管控，实现自动排产；是否建立了工业大数据平台，构建了生产运行实时数据模型，支持供应链上下游生产作业计划协同；是否实现了生产资源自组织、自优化，以满足柔性化、个性化的生产需求；是否融合了人工智能、大数据等新技术，对生产过程中的非预见性问题进行智能优化调整。

五是安全性与合规性。评价对数据安全和隐私保护重视程度是否确保了业务的安全性、完整性和可靠性；是否严格遵守相关法律法规及标准的要求，避免了因数据泄露或违规操作而引发的法律责任和金融风险。

六是改进与创新的可持续性。评价是否在生产制造数字化方面保持了持续的投资和更新，以推动产品和服务的不断创新；是否建立了有效的创新与激励机制，鼓励员工参与数字化技术的研发与应用。

76. 制造业企业推进质量保障数字化的主要目的是什么？

《制造业卓越质量工程实施意见》提出，“推进质量保障数字化”“提高质量检验检测的效率、覆盖率和准确性”。质量保障数字化指利用新一代信息技术，应用先进质量设计方法和工具，通过数字化测量设备与信息系统的数据贯通，实现产品全生命周期的数字化检测、统计分析和判断，以实现生产过程的不良预防和智能优化调整。推进质量保障数字化的主要目的如下。

一是提高质量检验检测的效率。应用质量分析工具，采用机器视觉等技术，实现检测结果的及时、精准判定，大幅降低人为误差，确保产品质量的一致性。引入自动化检测设备，实现对产品的自动测试和检测数据的自动采集，缩短了检测周期，降低了对人力资源的依赖，有效控制了检测成本。

二是增强关键工序的管控能力。应用数字化设备和信息系统实现对关键工序的监测数据管理和检验过程管理，实现生产设备与检验测试设备的互联互通、在线检测，提高质量检验检测的覆盖率和准确性，降低产品的废品率和返工率，提高产品一次交验合格率。

三是提高数据采集与分析能力。通过物联网、人工智能等信息技术采集数据，监测检测设备状态，自动开展检测数据分析，预判趋势，防止质量问题重复发生。

四是实现产品全生命周期质量追溯。通过数字化系统和云平台实现供应链质量数据共享，实现产品全生命周期质量追溯，促进供应链的质量数据共享与开发利用。

77. 提高制造业企业质量保障数字化水平的路径是什么？

提高制造业企业质量保障数字化水平的路径如下。

一是建立质量保障数字化管理过程。利用信息系统，对质量保障进行数字化管理，自动优化质量检测流程，提高检测速度和准确性，实现计量器具的全生命周期管理、计量数据管理和计量业务过程管理。

二是引入先进的检验检测技术。采用先进的数字化检验检测技术，例如自动化视觉检测系统、激光扫描和传感器技术，实现对产品质量的在线检测和控制；应用自动化/数字化检测设备对关键工序进行质量管控，以提高检测精度和效率。

三是集成物联网（Internet of Things，IoT）技术。利用IoT技术构建智能互联的生产环境，实时收集生产数据。通过生产设备与检验测试设备的互联互通，实现在线检测与实时监控，迅速响应生产过程中的质量波动，提升生产质量检测的精度和预判、预警水平。

四是加强数据分析与质量追溯能力。应用数字化设备和信息系统实现对关键工序的监测数据管理和检验过程管理；建立数据分析和管理系统，收集、存储、处理和分析检测数据，及时发现产生质量问题的原因；建立供应链数字化系统，实现产品全生命周期质量追溯管理。

五是确保检测数据的安全性。在推进质量保障数字化的过程中，应严格遵守相关法律法规和行业标准要求，制定严格的数据安全管理制度和操作规程。采用加密技术、访问控制等安全措施，确保检测数据的安全性、完整性和可用性。加强员工培训，增强数据安全意识，共同确保企业数据资产的安全与合规。

78. 推动制造业企业上下游共建供应链数字化的意义是什么？

《制造业卓越质量工程实施意见》提出，“引导企业建立供应链数字化系统，加快条形码、二维码、射频识别技术的应用，保证物料质量，强化质量可靠性”。推动制造业企业上下游共建供应链数字化，可促进供应链上下游各个环节有效协同，从而在物料采购、顾客服务等多维应用场景中创造出新的价值和增长点，其主要意义如下。

一是实现产业协同发展。通过数据共享，促进供应链各环节协同，实现将传统链状供应链聚链成网，推动企业内部协同向与供应链合作伙伴之间内外协同转变。这将有力推动大型企业与中小企业协同创新，构建大、中、小企业融通发展的新格局。

二是提升产品质量与可靠性。供应链数字化的共建共享模式，有助于上下游企业实时掌握货物流动和库存状态，实现对产品质量要求的精准对接。通过加快推广条形码、二维码、射频识别等先进技术，保证物料质量的追溯与监控，提升产品质量与可靠性。

三是满足顾客个性化的消费需求。通过上下游供应链数字化，及时传递顾客需求，促进生产模式由大规模制造向柔性制造、准时制造和精益制造演进。打造以创新驱动生产、以顾客需求为中心的理念，满足顾客个性化的消费需求。

79. 如何推进制造业企业上下游供应链数字化？

推进制造业企业上下游供应链数字化可采取以下措施。

一是建立供应链数字化管理过程。明确数字化供应链的愿景、目标和关键绩效指标。运用供应链管理软件、物联网技术、大数据分析、云计算和人工智能技术，管理采购、销售和仓储数据，确保供应链数字化战略的有效落地。

二是深度应用新一代信息技术。充分利用工业互联网平台以及 5G、区块链、大数据、人工智能等信息技术，实现采购、销售、仓储业务过程的在线执行和数字化管理。通过 IT/OT 系统集成，实现关键物料自动配送，增强供应链内部相关业务活动的有效协作和数据贯通。

三是建设数据集成和共享的基础设施。联合上下游企业共建数据集成和共享的基础设施，采用标准化的数据格式和协议，确保信息编码和分类的一致性。构建供应链数据模型库和知识库，及时分享信息和解决问题，促进上下游供应链伙伴的协同发展。

四是建立监测和评价机制。利用信息系统实现对供应商的供货质量、技术能力、响应速度、交付准时性及成本效益等关键要素的量化评价。建立监测和评价机制，设立关键绩效指标，持续跟踪数字化供应链的绩效表现。强化对顾客体验、远程运维等下游环节的监测和评价，确保达到预设指标。

五是强化信息安全和隐私保护。采取必要的安全措施，例如数据加密、访问控制等，防止未经授权访问关键信息，实现数字化供应链的安全性保障和数据隐私保护。

六是加强持续改进。紧跟技术发展趋势和市场需求变化，定期审查和更新数字化供应链策略，不断优化业务流程，提高技术应用水平，实现持续改进。

80. 制造业企业加强质量数据管理的必要性和意义是什么？

《制造业卓越质量工程实施意见》提出，“加强质量数据管理。推动企业建立质量数据管理制度，运用数字技术对质量数据进行采集、存储、处理和分析，深入挖掘质量数据价值”。质量数据是质量管理数字化的核心要素，质量数据的采集、存储、处理、分析是质量管理数字化的基础。企业加强质量数据管理的必要性和意义如下。

一是有利于深度挖掘质量数据价值。建立质量数据管理制度，运用数字技术对质量数据进行采集、存储、处理和分析，有助于提高数据利用率、充分挖掘并释放质量数据价值，为企业制定科学合理的运营策略提供数据支撑与决策依据。

二是有利于促进质量数据的高效共享。通过加强质量数据标准化管理，优化数据架构设计，确保数据的一致性。通过与上下游企业共建供应链质量管理平台，实现质量数据在跨组织、跨部门、跨业务环节间的无缝流通与高效整合，促进质量信息的透明化与协同化。

三是有利于推动质量预防和持续改进。运用数字化工具开展质量数据建模分析，企业能够以前瞻性的视角洞察质量问题，实现从“事后补救”向“事前预防”的转变。基于数据分析，企业能够做出更加科学和精准的管理决策，在质量管理中采取更加有效的质量预防和改进措施，不断提高产品与服务的质量水平，从而提高市场竞争力。

81. 制造业企业如何提高质量数据管理水平?

制造业企业提高质量数据管理水平，可以在以下几个方面采取措施。

一是建立质量数据管理过程。首先明确质量数据管理的战略目标、关键绩效指标和具体要求，确定质量数据的采集范围和类别。其次，根据需求选择合适的质量数据管理软件和工具，例如数据采集系统、数据分析平台、可视化工具和质量管理系统等，以实现质量数据的全过程管理。

二是加强质量数据采集和监测能力。在企业内部建立有效的数据采集和监测系统，实时收集和记录关键质量数据，对数据进行管理和挖掘。通过传感器、监控设备和自动化系统，监测生产过程，对生产过程数据进行有效处理。与生态圈合作伙伴共建质量管理平台，加强质量生态数据的收集整理、共享和开发利用。

三是提升质量数据的标准化程度。建立质量数据标准，确保数据的准确性、一致性和安全性。采用标准化数据格式和协议，减少数据集成的复杂性，便于数据的交换和共享。

四是增强质量数据分析能力。运用先进的数据分析工具与技术，深入挖掘质量数据价值，识别质量管理的模式、趋势及潜在问题。增强数据自动采集与智能分析能力，利用可视化工具与定制化报告，直观展示质量数据，辅助决策者快速洞察问题，精准把握改进方向。

五是严守数据安全与隐私保护底线。建立质量数据安全标准，明确数据的安全等级划分与保护措施。对质量数据进行访问授权、安全监控和定期备份，确保质量数据的安全存储与合规使用。定期开展数据安全风险评价，及时应对潜在威胁，保障数据的安全与完整。

六是推动质量数据管理的持续改进。建立定期审查与评价机制，量化评价质量数据管理成效。紧密关注顾客需求与技术发展趋势，灵活调整管理策略，实现质量数据管理的持续改进。

七是加强质量数据管理人才培养。加大培训资源投入，提升全员对质量数据重要性的认识与理解。培养专业的数据管理人才，使其熟练掌握数据管理理论、技能和方法，为质量数据的高效应用与管理提供坚实的人才保障。

六、持续成功的能力

82. 制造业企业加强质量战略制定和实施的目的是什么？

《制造业卓越质量工程实施意见》要求“强化企业质量战略管理，优化质量组织体系和管控模式，加强质量战略制定、实施、评估、调整闭环管理，促进企业与生态合作伙伴有效协同，确保质量战略定位、发展方向等保持延续稳定”。制造业企业加强质量战略制定和实施的目的如下。

一是指明未来的发展方向。企业通过制定和实施质量战略，识别自身的核心竞争力，明确发展愿景、使命和价值观，预测、评估和应对潜在的风险，确定一个明晰的发展方向，有效激发员工的积极性和参与度，以获得竞争优势。

二是优化资源的配置和利用。通过明确质量战略目标，企业能够更好地分配人力、资金、时间和其他资源，确保资源的最大化利用，从而实现长期增长。

三是推动创新和变革。质量战略制定和实施不仅为企业提供了方向和目标，也为企业创新和变革提供了动力和支持，推动企业探索新的商业模式，推进技术创新和流程优化，获得差异化的竞争优势，达成经营目标，实现可持续发展。

83. 制造业企业制定和实施质量战略的举措有哪些？

制造业企业制定和实施质量战略应遵循过程方法，开展战略策划与制定、实施与落实、监督与控制、持续改进等一系列活动。具体的举措如下。

一是建立战略管理制度规范。通过战略管理制度对战略管理过程进行系统的策划和规范，明确战略制定、战略实施、战略监控和战略调整优化等各方面的内容以及各阶段的输入、输出要求。

二是制定战略规划。收集和分析内外部信息（如内部绩效数据、竞争对手和标杆的数据、行业发展趋势、政策法规信息等），运用适宜的战略分析工具和方法（如宏观环境分析法、态势分析法、波士顿矩阵等）进行战略分析，在企业愿景、使命及价值观的指引下，确定战略目标、战略重点和战略举措。

三是实施战略规划。将战略目标和任务分解到各业务部门，形成战略实施计划，并向全体员工进行宣贯。同时提供必要的资源，保障战略实施计划得以有效执行。

四是实施战略监控与优化调整。对战略目标达成情况进行跟踪，必要时优化调整。

五是实现战略协同。在战略制定和实施过程中与生态圈合作伙伴保持密切沟通，推动企业与生态圈合作伙伴的战略规划协调一致，形成合力，实现共同成长。

84. 制造业企业为什么要开展质量文化建设?

质量文化是企业全体员工所认同的关于质量的理念与价

值观、习惯与行为模式、基本原则与制度以及其物质表现的总和。质量文化是企业文化的核心，开展质量文化建设对制造业企业具有如下重要意义。

一是质量文化建设能够增强企业的凝聚力，使员工接受并认同企业的质量愿景、使命、价值观和目标，增强员工对企业质量要求的认同感，帮助员工养成良好的质量行为和习惯，提高员工的职业素养，让员工从情感和理智上认同、从行为和习惯上践行企业的质量价值观，主动自觉地追求高质量。

二是质量文化建设能够增强员工的质量意识，确保企业及其员工始终将追求卓越质量作为行为准则，降低产品缺陷和质量问题带来的成本，提高生产效率。

三是质量文化建设有助于调动员工的积极性、主动性和创造性，促使员工养成严谨、细致、自律的工作习惯，减少生产过程中的错误和失误，确保企业的质量管理活动能够有效、高效地达到预期目标。

四是质量文化建设有助于激发员工主动参与质量改进的热情，释放创新潜能，帮助企业不断提高产品和服务质量。

五是质量文化建设可以提升企业形象，增强品牌价值和市场竞争力。

85. 制造业企业如何有效提升质量文化建设能力？

企业可通过以下活动提升质量文化建设能力。

一是制定明确的质量战略，并将其融入企业的整体战略规划中。

二是加强质量文化宣传。利用全媒体展示宣传先进典型，讲好质量故事，多层次、多角度、多形式普及弘扬质量文化、质量知识，传播质量精神。

三是开展群众性质量管理活动。通过“QCC 小组”“信得过班组”“全面质量管理知识竞赛”等活动，营造良好的质量文化氛围，增强全员的质量意识。

四是加强员工教育和培训。通过教育和培训，增强员工的质量意识，提升员工的素质水平，增强员工参与质量工作的意愿，提高员工参加质量工作的能力。

五是建立健全质量管理的激励与约束机制。通过建立绩效指标和监督考核机制等方式，明确每位员工的质量责任和义务，激励员工积极参与质量管理，提高产品质量和企业绩效。

86. 知识管理能力提升对制造业企业质量管理能力提升的主要作用是什么?

知识是通过学习、实践或探索获得的认识、判断或技能。知识管理是对知识、知识创造过程与知识应用进行规划和管理的活动。知识管理能力提升对制造业企业质量管理能力提升的主要作用如下。

一是增强问题解决能力。通过知识管理，企业可以有效地收集、整合和分享最佳质量管理实践；通过培训和知识共享，员工可以更快地掌握质量管理技能和知识，快速识别问题根源，获取以往类似问题的解决方案，加速问题解决过程。

二是促进跨部门协作。通过知识管理，企业可以打破信息孤岛，促进跨部门协作，构建统一的质量管理流程和体系。

三是优化管理流程。通过知识管理，企业可以收集和分析质量管理数据，发现流程瓶颈和浪费问题，持续开展质量改进活动，不断推进流程固化和优化。

四是提升创新能力。通过知识管理激发创新思维，整合知识以发现新的质量管理技术和方法，规避知识产权风险，提升创新能力，确保创新收益。

五是提高决策质量。知识管理提供了丰富的数据和信息，帮助管理层基于事实和历史经验做出更加科学的质量管理决策。

87. 制造业企业应从哪些方面提升知识管理能力？

制造业企业提升知识管理能力遵循GB/T 19001—2016《质量管理体系　要求》中的过程方法，包括知识管理的策划与制定、知识管理的实施、知识管理的监督与控制，以及知识管理的持续改进等，具体提升路径如下。

一是建立知识管理制度。通过知识管理制度，明确知识管理的职责权限和工作要求，建立一种鼓励知识分享、学习和创新的企业文化。建立知识管理绩效评价体系，衡量知识管理活动的效果，并据此进行改进。通过奖励和认可机制，激励员工参与知识创新和管理。

二是提供资源保障。确保企业领导层对知识管理的重视和支持，为知识管理提供必要的资源和指导。

三是识别、获取和提炼知识。根据企业发展的需要，建立基于岗位能力要求的知识矩阵，形成系统的知识体系。根据知识矩阵，全面收集与企业运作有关的内外部信息和数据，提炼成知识。

四是传播知识。通过培训、案例研讨、经验分享、编制和更新作业指导书、申请专利或软件著作权、建立知识库系统等方式传递和分享知识，提升知识的应用效率和价值。

五是更新知识。开展知识管理过程的评价和改进，帮助企业解决知识管理过程中存在的问题，定期审查和更新知识库，确保知识的时效性和准确性，不断提升知识的应用水平和质量。

六是共享知识。加强与产业链上下游企业共享知识和经验，促进行业的技术和管理进步。

88. 技术创新应用对制造业企业的发展有什么重要作用?

技术创新是指科技新成果（包括概念、发现、发明和其他成果）转化成新的或改进的能够带来经济收益的新技术或新工艺，包括原材料创新、工艺创新、产品创新、市场创新、管理创新等。技术创新应用对制造业企业的发展具有重要作用，具体如下。

一是提高产品质量。通过技术创新可以开展产品及过程的模拟仿真，预防产品与工艺设计问题的发生。技术创新有助于企业引入先进的生产和检测技术及设备，实现自动化、智能化生产和检验，确保生产过程的稳定性，提高产品质量。

二是降低成本。通过模拟仿真和数据分析等技术手段，可以更准确地预测产品的性能和可靠性，缩短产品研发周期，降低创新试错和研发成本。通过技术创新加强人、机、料、法、环等生产要素的优化配置和动态调整，可以降低生产管理成本。应用电子商务、移动支付等创新技术，可以降低产品和服务的搜索成本及交易成本。通过智能化物流与仓储技术，可以提高供应链的灵活性和响应能力，有效降低库存成本。

三是提高效率。应用信息技术，可以提高资源的优化配置效率，实现对顾客动态需求的快速响应，以数字赋能提高多样化效率。

四是推动转型升级。通过应用新一代信息技术，提供远程运维等延伸服务，开展柔性制造，可以为用户提供满足个性化需求的产品和服务。在制造过程中，通过应用绿色技术、绿色材料、清洁能源等，可以提高原材料利用率并减少能耗，有效推动资源循环化、生产过程清洁化、产品供给绿色化。

89. 制造业企业提升技术创新应用能力的主要抓手有哪些?

制造业企业提升技术创新应用能力的主要抓手如下。

一是增加科研投入，推动科技成果产业化。企业可通过加大科研经费的投入，深化与高校、科研机构的产学研合作，着力突破企业关键核心技术，促进研发成果产业化。

二是加强人才培养和创新团队建设，提高技术创新能力。通过培养和引进高水平创新人才，加强创新人才服务保障，激发人才创新活力，提高企业技术创新的能力。

三是建立健全创新支持体系，为技术创新提供优异的生态环境。建立健全的知识产权保护体系，加强资金支持力度和政策激励，为企业科研人员开展创新活动提供良好的研发环境。

四是加强国际合作交流，提高企业国际竞争力。深化合作交流，积极借鉴、吸收国际先进技术和管理经验。深度参与国际标准法规制定和技术创新活动，提升企业国际影响力。

90. 优化基础设施和工作环境的主要目的是什么?

基础设施和工作环境是实现企业目标必不可少的资源和达到产品符合性所必备的条件。优化基础设施和工作环境的主要目的如下。

一是提高生产效率和质量。不适宜的基础设施和工作环境可能直接导致产品质量问题的发生，如潮湿的环境可能导致金属表面锈蚀，大颗粒的异物进入生产线可能导致光滑的产品表面被划伤等。通过完善基础设施建设和改善工作环境，可以较好地控制生产运行条件，避免因工作环境导致质量问题的发生。通过改善工作场所的设计和布局，以及采用先进的技术和设备（如提升基础设施的数字化、智能化程度），可以提高生产物料周转运行的速度，避免生产瓶颈和延迟的发生，确保生产流程的顺畅，从而提高企业的生产效率。

二是提升员工满意度和健康水平。创造一个安全、舒适的工作环境可以减轻员工的压力和疲劳，减少工伤事故的发生，提升员工的满意度和健康水平，从而提高其工作效率和忠诚度。

三是促进创新和创造力。一个设计良好、激发灵感的工作环境可以促进员工之间的交流与合作，鼓励创新思维和提升解决问题的能力，从而推动企业创新。

四是推进节能减排与可持续性。优化基础设施可以提高能源效率，减少资源消耗，降低环境污染，从而符合绿色生产和可持续发展的要求。

五是提升品牌形象。基础设施和工作环境是企业对外形象的重要组成部分。良好的基础设施和工作环境可以吸引高端顾客、投资方及技术人才，增强企业的竞争力，增强顾客和合作伙伴的信心。

实现上述目的，可以为企业的长期成功奠定坚实的基础，同时对社会和环境产生积极的影响。

91. 如何优化制造业企业基础设施和工作环境？

优化制造业企业基础设施和工作环境，涉及物理环境的改善、工作流程的优化、技术升级、员工福利和职业健康管理等多个领域。以下是一些具体的关键优化措施。

一是评价基础设施及工作环境的持续适用性。根据企业发展战略，针对成本效益、市场保障、质量提升、新技术验证等需求，对基础设施和工作环境的持续适用性进行定期评价，制订升级改造计划并予以实施，如采用高效节能的机器、自动化生产线和智能物流系统，提高生产效率和安全性。

二是监测基础设施运行和工作环境状况。利用技术、工具与方法对基础设施运行和工作环境进行监测分析，确保基础设施及工作环境始终处于与产品设计、制造、服务过程需求相适配的状态。

三是制订关键基础设施的可用性和连续性管理计划。基于企业绩效数据、风险和机遇分析结果，利用先进技术开展基础设施与工作环境的技术改造和预防性维护，实现使用效率最大化。利用数字技术对设备进行检查、检测，采取预防性维护措施，防止设备故障发生。

四是带动合作伙伴进行基础设施和工作环境优化提升。积极履行社会责任，加强与供应链合作伙伴交流互动，推动供应链协同优化基础设施和工作环境。

92. 加强产业链供应链质量联动的重要意义是什么？

加强产业链供应链质量联动对提升国家及地区经济竞争力、保障产业安全、促进可持续发展具有深远影响。它的重要意义体现在以下几个方面。

一是提升产业链供应链整体竞争力。产业链供应链联动构建覆盖全链条、全流程、全生命周期的标准化体系，实现产业链供应链质量一致性管控。发挥链主企业带动引领作用，将上下游企业纳入共同的质量管理体系，实现先进质量理念、方法和工具向全产业链延伸，推动全链条质量协同升级，确保产业链供应链各环节的产品和服务达到高标准，有助于提升整个产业链供应链的国际地位和影响力。

二是促进行业创新发展。产业链供应链联动开展质量设计、试验检测、可靠性工程等技术、专利、标准的创新与应用，推动质量强企强链取得突破性进展，增强产业链供应链韧性与安全水平，助推行业高质量发展。

三是优化社会资源配置。质量联动促使上下游企业协同合作，优化资源配置，减少浪费，提高生产效率，共同应对市场需求变化。

综上所述，加强产业链供应链质量联动是实现经济高质量发展的关键路径，对于构建现代产业体系、推进质量强国战略、提升国家综合国力具有不可替代的作用。

93. 如何理解制造业企业开展绩效分析和评价的意义？

企业开展绩效分析和评价，具有以下 3 个方面的意义。

一是确定方向。依据企业的方针、战略和目标建立绩效指标体系并开展测量、分析和评价，可为企业发展和员工成长确定方向和目标，培养形成以结果为导向的工作氛围，引导员工不断提升自身素质和能力，为企业实现可持续发展做出贡献。

二是推动改进。通过设立绩效指标并进行绩效分析和评价，企业可清楚了解自身经营管理状况，及时发现经营风险，识别短板和弱项，采取改善措施。

三是优化决策。通过绩效分析和评价，企业可基于绩效数据分析结果开展科学决策，优化竞争战略。

94. 制造业企业可以从哪些维度开展绩效分析和评价？

企业绩效分析和评价可基于企业战略，运用平衡计分卡等方法，从财务、客户、内部业务流程、学习与成长四个维度来开展，具体如下。

一是财务维度。通过营业收入、投资回报率、净资产收益率、净利润、质量改进收益率等财务指标，量化评价企业战略规划的有形成果。

二是客户维度。通过市场占有率、客户保留率和忠诚度等指标，界定目标客户的价值主张。

三是内部业务流程维度。通过过程能力指数、全过程一次交验合格率、平均缺陷率、内部质量损失率、外部质量损失率、设备综合效率、交货及时率等指标，衡量企业生产运营关键过程能力。

四是学习与成长维度。通过员工保持率（或流失率）、劳动生产率、培训计划完成率、员工满意度等指标，评价员工的质量意识和学习创新能力。

95. 制造业企业增强学习创新能力的主要作用是什么？

增强学习创新能力，是企业可持续发展的必选项。制造业企业增强学习创新能力的主要作用体现在两个方面。

一方面，增强学习创新能力有助于企业开展技术创新，获得新的业务机会。数字经济时代，产品更新和技术更迭速度越来越快，市场营销方式不断创新，企业所需了解、掌握的信息量和数据量呈指数级增长，给企业经营者带来了前所未有的巨大挑战。通过不断学习新的产品、工艺、市场营销等方面的知识，企业可以更好地了解和掌握产品迭代方向、技术方向以及现代市场营销技术，制定更为有效的产品发展策略和市场营销策略，开展技术创新，获得新的业务机会。

另一方面，增强学习创新能力有助于企业开展管理创新，打造数字管理能力，适应数字经济时代的发展需要。企业通过不断学习，不断应用新技术、新手段和新理念，将“数字化”“智能化”“绿色化”融入生产、管理、营销、产业协作等各个方面，创新组织结构和业务流程，打造数字管理能力，获取可持续竞争合作优势，推动企业高质量发展。

96. 制造业企业学习创新能力提升的关键点在哪里？

制造业企业学习创新能力提升的关键点如下。

一是形成良好的学习创新氛围。在企业内建立学习创新文化，把学习创新作为重要的战略任务部署，培养全员主动学习和创新意识，形成宽容失败、允许冒险的创新氛围。

二是建立学习创新管理体系。企业应建立与学习创新相适应的组织架构、岗位职责、能力素质模型、绩效指标体系、职业生涯规划、薪酬激励制度等，从制度上保证学习创新文化和战略的落地。

三是提供学习创新资源。为员工提供学习创新必要的资金、知识、设备设施、技术等资源，保障企业达成学习创新目标。

四是建立产学研用合作机制。建立行业创新共享平台，充分利用外部资源和合作环境开展协同学习创新活动，促进行业创新发展。

七、质量绩效

97. 制造业企业为什么需要开展质量绩效评价？

《制造业卓越质量工程实施意见》提出，支持企业开展质量绩效评价。制造业企业开展质量绩效评价具有以下重要意义。

一是有利于制造业企业“提质、降本、增效”。质量绩效评价能够帮助企业在生产过程中及时发现质量问题，确保最终产品符合既定的质量标准和顾客要求，减少不良品率，提升产品可靠性。质量绩效评价能够揭示生产过程中的浪费和低效环节，促进精益生产，减少返工和废品率，降低质量成本，提高生产效率和盈利能力。

二是有利于提升顾客满意度，增强企业竞争优势。通过持续监控和提高产品质量，企业能够更好地理解顾客需求和期望，快速响应市场变化，及时调整质量管理策略，从而提升顾客对产品和服务的满意度，增强顾客忠诚度，增加市场份额和促进业务增长。

三是有利于持续改进。质量绩效评价能够帮助企业发现质量目标的波动与趋势，开展与质量管理标杆之间的量化对比，找到影响产品质量的核心问题，帮助企业建立质量改进效益模型，合理配置企业资源，聚焦关键改进领域。

四是有利于建立“质量为先”的企业质量文化。质量绩效评价帮助制造业企业更好地了解质量管理所取得的成绩与价值，帮助最高管理层建立对质量管理体系有效性的信心，引导企业在质量管理方面投入更多的资源，确保企业能够贯彻“质量为先”的管理理念。质量绩效评价可以与员工绩效考核挂钩，激励员工主动参与质量改进活动，提升团队的质量意识和责任感，形成良好的质量文化。

综上所述，质量绩效评价是制造业企业质量管理的核心组成部分，对于提升企业整体运营效率、增强竞争力、满足顾客需求和实现可持续发展具有重要意义。

98. 制造业企业的质量绩效评价主要包括哪些内容？

质量绩效评价通常包括产品质量绩效评价、生产过程绩效评价、质量管理效率评价、质量成本绩效评价、企业自身发展及竞争潜力绩效评价等5个方面。各方面的内容及绩效指标如下。

一是产品质量绩效评价。产品质量绩效可体现企业质量管理有效性，平均缺陷率是产品质量绩效的代表性指标。

二是生产过程绩效评价。生产过程的绩效指标能够帮助企业了解整个生产过程各个环节的质量管理水平，找到薄弱点。典型评价指标包括过程能力指数、来料一次交验合格率、全过程一次交验合格率等。来料一次交验合格率和全过程一次交验合格率分别表征企业对其供应链和生产过程的管理能力，在企业中广泛应用。过程能力指数能够有效地反映企业关键过程能力的变化，也得到越来越多企业的重视和应用。

三是质量管理效率评价。质量管理效率通常用与交付能力有关的绩效指标来衡量。其中最典型的评价指标为设备综合效率（Overall Equipment Effectiveness，OEE）指标，该指标不仅代表了实际交付能力在理论交付能力中的占比，还综合反映了企业经营情况、设备管理情况及产品合格率对产能的影响。

四是质量成本绩效评价。与质量成本有关的绩效指标通常包括内部质量损失率、外部质量损失率以及质量改进收益等。上述指标能够帮助企业从不同的角度分析质量损失成本与收益，在企业内部的运用较为普遍。

五是企业自身发展及竞争潜力绩效评价。该指标涉及的方面较多，不同企业对指标的定义也各不相同。比较典型的指标有高端化程度、市场占有率、顾客保留率和忠诚度等。

99. 制造业企业统计分析过程能力指数的意义是什么？

过程能力指数表示过程在稳定受控（即没有特殊原因干扰）的状态下，过程能力相对于公差上限及公差下限的指标（可参考 GB/T 40681.4—2021《生产过程能力和性能监测统计方法　第 4 部分：过程能力估计和性能测量》）。通常过程能力指数越高，产品的不良率越低。制造业企业统计分析过程能力指数具有重要意义，主要体现在以下几个方面。

一是有利于了解企业关键过程稳定性与一致性状况。过程能力指数反映了过程在稳定状态下生产产品的波动情况和一致性。过程能力指数高表明过程能够持续生产出接近目标值且变异小的产品，稳定的过程有助于制造业企业在长期的生产制造中保持产品的尺寸、形状、功能等特性一致，这对确保产品质量至关重要。

二是有利于质量控制与预防。通过统计分析过程能力指数，企业可以预测过程产生不合格品的概率，从而采取预防措施，减少废品率，提高生产效率和成本效益。

三是有利于持续改进。过程能力指数提供了一个量化的指标，帮助企业了解当前的生产能力，制订改进计划，推动生产过程的持续优化。

四是有利于强化供应链管理。过程能力指数还可以帮助企业优化供应链管理，确保供应商的生产过程能满足质量要求，从而保障整个供应链的稳定性和效率。

综上所述，过程能力指数不仅是衡量和监控生产过程能力的工具，也是实现质量控制、提升制造效率、降低成本和增强市场竞争力的关键指标。通过运用过程能力指数系统地分析和改善过程能力，制造业企业能够不断优化其生产过程，确保持续的业务成功。

100. 制造业企业如何统计计算过程能力指数？

制造业企业在统计计算过程能力指数（C_p，业界常用 C_{pk} 表示）时，通常遵循以下步骤。

一是选择形成产品的关键过程。关键过程一般指能够产生或影响产品关键特性的过程，如电路板加工过程中的回流焊、牛奶生产中的杀菌过程、五金件冲压过程等。

二是选择关键过程的特性指标。特性指标通常包括可能影响产品安全性或法规符合性、可装配性的功能、性能要求等，如耐高压、漏电流、扭矩、转速、微生物等；或产品后续处理的产品特性，如装配尺寸的公差；或制造过程参数，如炉温的变化、锡膏厚度等。

三是收集数据。采集用于计算过程能力的特性指标数据。首先，在过程稳定的前提下，选取足够数量的样本，避免如设备预热或原材料异常等特殊因素对样本的干扰。要确定样本容量、子组容量、子组的数量、公差（即规范限，该规范限是基于顾客和功能的要求确定的）。建议使用容量为 5 的子组收集至少 125 个单值样本容量，共 25 个子组。对于特定应用的情况，其子组大小可根据实际情况设定，样本容量尽可能接近 125 个。这些数据中，组内数据的采集时间间隔一般相对较短，组间数据的采集时间间隔可以适当延长。

四是计算 C_{pk}。对于 C_{pk} 的计算可借助于计算机软件（如 Minitab 等）。C_{pk} 的计算公式为 $C_{pk}=\min\{C_{pk_L}, C_{pk_U}\}$，其中，$C_{pk_L}$ 是过程能力相对于公差下限的指标，C_{pk_U} 是过程能力相对于公差上限的指标，L 是公差下限，U 是公差上限。当过程处于正态分布时，公式中 $C_{pk_L}=(X_{50\%}-L)/3\sigma$，$C_{pk_U}=(U-X_{50\%})/3\sigma$，其中 $X_{50\%}$ 是平均值或中位数，σ 是标准偏差。

五是持续监控与改进。定期重新计算 C_{pk}，并结合其他质量控制工具（如控制图）监控过程性能，根据 C_{pk} 的变化趋势和具体数值指导持续改进活动。

在产品仅有单边公差时，根据单边公差的情况，C_{pk} 等于 C_{pk_L} 或者 C_{pk_U}。对于非正态分布，具体计算方法可以参考 GB/T 40681（ISO 22514）系列标准。

通常用某个产品关键生产过程中能力指数最低的一个值来表征该产品的过程能力。

101. 制造业企业为什么要统计分析来料一次交验合格率?

来料一次交验合格率是指企业在统计周期内，来料中经第一次检验合格的产品数量在统计周期内全部来料数量中的占比。

来料一次交验合格率是制造业企业产品质量的重要影响因素和评价供应链质量的重要指标，直接反映企业来料质量控制（Incoming Quality Control，IQC）发现的质量问题数量与交付产品批次的关系。该指标的高低，反映企业的供应链总体质量管理水平，为企业进一步评价供应链导致的成本损失和风险提供依据。统计分析来料一次交验合格率的作用主要有以下 4 个方面。

一是帮助企业及时监控来料质量波动，了解来料在第一次检验时达到质量标准的比例，从而指导企业对供应链的质量开展管控。

二是帮助企业监控供应商质量管理水平，并可作为供应商绩效考核、优化采购配比份额的依据。

三是帮助企业评价物料损失，核算来料成本，评价供应链质量保证能力，预防供应链业务连续性风险。

四是可以作为大多数制造业企业常用的质量管理指标，可对比分析不同制造业企业之间的供应链质量管理水平。

102. 制造业企业如何提高来料一次交验合格率？

《制造业企业质量管理能力评估规范》中，计算来料一次交验合格率的公式为：

$$P_a=\frac{M_a}{S_a}\times 100\%$$

其中，P_a 为来料一次交验合格率；M_a 为全年初次提交检验的来料中合格品数量；S_a 为全年初次提交检验的来料产品总数量。

提高来料一次交验合格率（P_a），企业应在全年初次提交检验的来料产品总数量（S_a）一定的情况下，对供应商施加影响，使其努力提升所提供产品的质量，以便提高全年初次提交检验的来料中合格品数量（M_a）。总的来说，提高来料一次交验合格率主要有以下 7 种途径。

一是加强供应商管理。选择质量可靠的供应商，与供应商建立稳定的合作关系，并对供应商进行定期的质量评价和审核，确保其提供的原材料或部件符合企业的质量要求。

二是明确来料检验标准。制定严格的来料检验标准和流程，确保每批来料都能按照统一的标准进行检查。

三是建立反馈机制。建立及时的反馈机制，若发现不合格品，立即通知供应商，并采取措施改进。同时，对不合格品进行分析，找出原因并制定改善措施，防止同类问题再次发生。

四是优化检验流程。对检验流程进行优化，减少不必要的环节，提高检验效率。同时，引入先进的检测设备和技术，进一步提高检测的准确性和效率。

五是实施统计过程控制。通过统计过程控制（Statistical Process Control，SPC）等方法，监控和控制生产过程中的关键参数，及时发现问题并进行调整，以减少不合格品的产生。

六是提升检验人员技能。加强对来料检验员的培训，提高他们的专业技能和质量意识，确保他们能够准确无误地执行检验工作。

七是定期进行内部审核。定期对质量管理体系进行内部审核，评价其有效性，并根据审核结果进行持续改进。

103. 全过程一次交验合格率对制造业企业的重要性体现在哪些方面?

全过程一次交验合格率是指在整个生产过程中，产品各个过程初次交验的合格品数量占该次全部交验产品总数量的百分比的乘积，是反映全过程质量管理水平及绩效的重要指标。全过程一次交验合格率对制造业企业的重要性主要体现在以下 4 个方面。

一是有利于评价企业质量保证能力。全过程一次交验合格率是度量企业质量保证能力以及反映产品质量控制有效性的重要指标，有助于提升制造业企业产品质量稳定性、产品长期可靠性、生产加工能力以及关键原材料品质特性，能够预防制造过程波动带来的质量风险。

二是有利于促进全员贯彻“一次做对”的质量管理理念。按照全过程一次交验合格率的要求制定“零缺陷”工作准则和工作要求，在工作前做好充分准备，将“一次做对”的质量要求贯穿设计与生产的各个环节。

三是有利于提高企业经济效益。全过程一次交验合格率的高低直接影响企业的产量及成本，全过程一次交验合格率的提升能够明显减少返工和再确认的工作，提高制造业企业的工作效率和经济效益。

四是有利于作为通用质量标杆对比分析企业的制程质量管理水平。制造业企业可将全过程一次交验合格率作为通用质量标杆来进行质量改进和提升，通过对比分析企业制程数据，提升质量管理水平。

104. 应从哪些方面提高制造业企业的全过程一次交验合格率？

全过程一次交验合格率是用产品生产各个过程一次交验

合格率的乘积来计算的，其中，一次交验合格率是指初次交验的产品中合格品数量占该次全部交验产品总数量的百分比。根据《制造业企业质量管理能力评估规范》，计算全过程一次交验合格率的公式为：

$$P_b = \prod_{i=1}^{n} \frac{M_i}{S_i} \times 100\%$$

其中，P_b 为全过程一次交验合格率；M_i 为第 i 个过程提交检验的产品中合格品数量；S_i 为第 i 个过程提交检验的产品总数量；n 为过程总数。

计算全过程一次交验合格率，企业可以从以下两个步骤入手。

第一步，根据企业产品工艺流程，明确形成产品的过程及统计过程的数量。

第二步，采集用于计算全过程一次交验合格率的各过程指标数据。

依据上述公式，企业要提高全过程一次交验合格率，应在提交检验的产品总数量一定的情况下，通过技术改进与升级、优化生产工艺、加强原材料管理、提升员工技能等多个方面的努力，增加提交检验的产品中合格品数量。

105. 统计分析平均缺陷率对制造业企业的主要作用是什么?

平均缺陷率是直接反映制造业企业产品质量的指标，一般以出货检验发现的不良品数量除以出货检验的总数量而得出。平均缺陷率的高低代表企业质量管理水平的高低。开展平均缺陷率的统计分析，对企业有以下作用。

一是有助于提升产品质量。统计分析平均缺陷率有助于企业识别生产过程中的质量问题，发现并拦截偶发性及批次性产品不良，指导企业采取纠正和预防措施，提高产品质量。

二是有助于推动持续改进。制造业企业开展平均缺陷率的中长期统计分析，可以帮助企业识别生产过程中所产生的不良品的分布及变化趋势，从而指导企业确定质量改进的方向及优先顺序，评价质量改进措施的有效性。

三是有助于降低成本。通过统计分析平均缺陷率，指导企业提高产品质量，可以帮助企业降低返工、维修或报废成本，以及避免潜在的顾客索赔和保修成本。同时，降低平均缺陷率，有助于减少原材料及成品的安全库存，降低采购、存储及运输成本。

四是有助于提高生产效率。通过分析缺陷来源，提高最终产品的质量，企业可以优化生产流程，减少停机调整时间，节约返工及返修工时，提高生产过程的效率。

五是有助于提升顾客满意度。提供无缺陷的产品能够增强顾客信任，提升顾客满意度和忠诚度，建立良好的口碑和品牌声誉。

六是为企业管理决策提供数据支持。缺陷率数据为企业管理层提供了制定战略决策的信息基础，也是企业开展同行间质量管理能力对比的重要依据。

106. 降低制造业企业平均缺陷率的主要手段有哪些?

日本质量管理专家田口玄一认为，产品质量是设计出来的，并通过对生产过程的管控予以保证。要降低产品的平均缺陷率，除了强化全员质量管理意识、严格执行质量管理的各项要求，还可以通过在产品设计阶段、生产阶段运用质量技术、工具和方法，实现对企业质量管理全过程的优化，提高产品的质量。具体做法如下。

一是应用适宜的技术、工具和方法开展产品设计。产品设计可以应用结构化分析法、系统建模方法等识别顾客需求，确保需求识别的充分性。产品设计过程可应用质量功能展开（QFD）、集成产品开发（Integrated Product Development，IPD）、产品质量先期策划（APQP）等产品研发管理模型，提升研发过程管理能力，防止或减少产品设计缺陷。同时，企业在研发管理过程中，可应用失效模式与影响分析（FMEA）、故障树分析（FTA）、事件树分析（Event Tree Analysis，ETA）等方法，有效预防产品和工艺设计缺陷的发生，降低产品平均缺陷率。

二是应用适宜的技术、工具和方法开展供应链质量管控。企业可参考供应商质量管理、生产件批准程序（PPAP）等，将原材料质量管控前置到供应商的研发设计、生产环节，确保供应商符合质量标准，提供稳定可靠的原材料和组件。

三是应用适宜的技术、工具和方法开展生产管理控制。企业可参考 APQP 的管控要求，细化工艺设计与验证过程的管理，建立健全中试环境与能力，保证产品批量生产过程质量稳定。在生产过程管理方面，企业可应用精益生产管理、全面生产维护、统计过程控制（SPC）等技术，对生产过程开展关键因素（5M1E）控制，预防和减少产品的偶发缺陷。

四是应用适宜的技术、工具和方法开展质量检验与测试。在检验过程管理方面，企业可应用统计抽样、测量系统分析（MSA）等，提升测量的有效性，避免因测量过程能力不足影响最终产品的平均缺陷率。

五是应用新一代信息技术提升质量全过程管理能力。企业可以在研发设计环节，应用人工智能、仿真等技术，通过搭建数字仿真模型，识别最优设计方案；在生产环节，应用传感器、机器视觉、自动化控制、先进测量仪器等，推进生产质量数据自动采集与处理，持续提升生产过程质量控制能力；在供应链管理环节，通过联合上下游企业共建供应链管理系统及平台，基于数据互联互通与有序流通共享，提升全过程质量协同管控。总之，综合运用新一代信息技术，可减少人员因素对最终产品质量的影响，确保降低产品的平均缺陷率。

通过综合应用上述手段，企业可以系统地降低产品的平均缺陷率，进一步提高产品质量和生产效率。

107. 统计分析制造业企业内部质量损失率的主要作用是什么？

内部质量损失率是指产品交货前因未满足规定的质量要求所损失的费用与年度总产值之比。损失的费用主要包括报废损失费、返修费、降级损失费、停工损失费、产品质量事故处理费等。统计分析制造业企业内部质量损失率的主要作用如下。

一是有助于识别质量问题和改进机会。统计分析内部质量损失率能够帮助企业识别发生质量问题的根本原因和趋势，帮助企业识别存在问题的产品、工序或部门等，进而找到改进机会。企业可根据内部质量数据采取纠正措施，降低产品缺陷率，提高产品质量。

二是有助于在企业内部实现成本管理。统计分析内部质量损失率有助于企业了解生产过程中的质量成本。通过减少损失率，企业可以降低废品率、返工成本和维修成本，提高生产效率。

三是有助于管理层做出科学决策。通过统计分析内部质量损失率，提出优化生产过程、资源分配或产品设计的可行性方案，为管理层科学决策提供依据。

四是有助于质量持续提升。通过不断监测和分析内部质量损失率，企业能够追踪质量改进的效果，评价改进措施的有效性，并根据反馈结果不断调整优化策略。这一过程促进了企业质量管理体系的不断完善和升级，推动企业向更高的质量标准迈进。

五是有助于提升产品和企业的竞争优势。降低内部质量损失率可以提高产品竞争力。高质量的产品可以帮助企业在市场中脱颖而出，吸引更多顾客和合作伙伴。

108. 降低制造业企业内部质量损失率的手段有哪些？

降低制造业企业内部质量损失率的手段如下。

一是提升质量管理能力。企业可依据 GB/T 19001—2016《质量管理体系　要求》等标准，建立质量管理体系。运用质量管理体系确保产品和生产过程符合要求。

二是制订质量控制计划。包括检验和测试计划，确保产品在制造过程中可管可控。

三是应用质量工具和技术。利用因果图、散点图、控制图等质量工具，监测生产过程并对质量数据进行分析，便于及时发现和纠正问题。运用失效模式与影响分析（FMEA）等工具，识别可能的故障模式，评价其风险等级，并制定相应的预防和控制措施。

四是加强设备维护管理。定期维护和保养生产设备，以确保其正常运行；采用预防性维护方法，定期检查和维护设备，降低设备故障率，减少因设备问题导致的返工返修。

五是加强供应链管理。选择可靠的供应商，加强原材料检验、检测，减少供应链中的质量问题。

六是建立顾客反馈和持续改进机制。积极收集和分析顾客反馈，统计返修率等与顾客相关的内部质量损失率指标，将顾客需求及统计结果及时反馈到相关部门，促进内部实现持续改进。

109. 统计分析制造业企业外部质量损失率的意义是什么？

外部质量损失率指产品交货后因未满足规定的质量要求导致的索赔、修理、更换或信誉受损等所损失的费用与年度总产值之比。统计分析制造业企业外部质量损失率的意义如下。

一是促进产品质量改进。细致分析外部质量损失率，有助于企业了解产品在市场上的实际表现，包括顾客投诉、退货、维修和保修等情况。通过分析数据，可以确定产品的质量问题和缺陷，引导企业有针对性地改进产品设计和生产流程，以满足顾客需求，提升产品竞争力。

二是提高顾客满意度。外部质量损失率的降低，能够有效减少顾客因质量问题产生的不满与投诉，降低退货率，增强客户对品牌的信任与忠诚度。

三是实现成本控制。外部质量损失通常伴随着高额的成本，例如因维修、退货处理、顾客赔偿等产生的额外成本。降低外部质量损失率可降低这些成本，提高企业盈利能力。

四是维护品牌声誉。通过采取有效措施降低外部质量损失率，企业能够积极应对并减少因质量问题引发的负面舆论，从而有效维护品牌的良好声誉与市场形象。

五是实现持续改进。外部质量损失率的统计分析不仅是对过去问题的回顾与总结，更是企业未来持续改进与创新的重要驱动力。基于翔实的数据分析，企业能够制订出更加科学、合理的持续改进计划，推动技术革新与管理升级，不断追求卓越。

六是提供管理决策依据。外部质量损失率作为衡量企业质量管理成效的重要指标之一，反映了企业当前的质量管理水平，更为管理层的决策提供了依据。管理层可依据这些数据，科学调整资源分配、优化产品设计、调整市场策略等，确保企业始终在正确的发展轨道上。

110. 制造业企业外部质量损失主要包括哪些?

外部质量损失包括售后维护成本和售后更换成本等，主要有以下几个方面。

一是索赔费。指因产品质量不符合要求，对顾客提出的申诉进行赔偿、处理所支付的费用。

二是退货损失费。指因产品质量不符合要求造成顾客退货、换货所损失的费用。

三是折价损失费。指因产品质量未达到质量标准，折价销售所损失的费用。

四是保修费。指为顾客提供修理服务所支付的费用、保修服务人员的工资总额及提取的职工福利基金。

五是产品降价与召回成本。指因质量问题导致市场信誉下降，可能需要降价销售产品或进行产品召回所造成的损失。

六是顾客流失与订单转移损失。指因质量问题导致顾客转向竞争对手，失去潜在销售机会造成的损失。

七是工程变更与库存积压成本。指因质量问题导致工程变更和库存积压，可能带来的额外成本和资金占用。

八是现场等待与调试成本。指产品安装或使用过程中因质量问题导致的现场等待时间和调试成本增加。

九是零部件和备品丢失损坏。指现场安装零部件和备品时，因质量问题丢弃或损坏造成的损失。

鉴于这些外部质量损失直接影响企业的经济效益和市场声誉，企业需要通过有效的质量管理措施来减少这些损失。

111. 为什么要统计制造业企业年度质量改进收益？

年度质量改进收益指标反映的是企业质量管理活动所取得的直接经济价值。统计制造业企业年度质量改进收益有以下意义。

一是衡量改进效果。通过对该指标的统计与分析，企业可以充分地理解质量管理活动在降低质量损失成本、提升企业实际利润方面的价值，从而促进企业管理层真正地理解和重视质量管理。

二是指导战略规划。统计质量改进收益的数据，可以帮助企业确定质量改进项目的优先级，更好地分配资源，提高投资效率，以获得更大的回报。对年度质量改进收益的分析，还有助于企业估算并制定中长期的质量目标，优化质量战略。

三是提升市场竞争力。统计分析质量改进收益，能够指导企业更为有效地提高产品质量与生产效率，降低质量损失成本，确保企业在市场竞争中获得成本、生产效率、质量口碑等方面的竞争优势，提升市场竞争力。

四是促进质量文化的建立。统计年度质量改进收益，有助于企业从资本收益的角度，找到改进的机会并采取行动。展示与表彰质量改进带来的实际收益，还可以激发员工的积极性和创新精神，促进全员参与质量改进活动，建立良好的质量文化。

112. 应从哪些方面提高制造业企业的年度质量改进收益？

制造业企业可通过以下方面提高年度质量改进收益。

一是开展质量改进项目管理。良好的质量改进项目管理是提高制造业企业年度质量改进收益的基础与前提。企业应清晰地定义质量改进项目的管理流程，包括立项、风险评价、计划及方案的制定、评审、实施和效果验证等，确保质量改进项目本身得到充分的管理。

二是提供质量改进资源支持。企业应为经批准的质量管理改进活动提供充分的资源，包括成立改进小组（如 QCC 小组），为改进活动提供时间、原材料、设备以及管理技术等方面的支持。

三是建立质量改进激励机制。企业应建立完善的质量改进激励机制，以引导和激励全体员工的积极参与。

四是推动质量改进成果应用。企业应重视改进过程获得的知识及成果在相关管理过程中的推广和应用，使其能够为企业的质量提升发挥更大的作用。

113. 制造业企业统计分析设备综合效率（OEE）的主要作用是什么？

设备综合效率（OEE）是最具代表性的生产效率指标之一，其不仅代表了理论产能中实际产能的占比，而且在统计分析过程中，能够量化评价企业经营情况、设备维护与管理情况及产品质量对产能的影响。OEE 指标的主要作用如下。

一是识别生产效率损失。通过统计分析 OEE 指标，企业可以识别生产过程中的各种效率损失，包括设备故障、换线时间、运行速度损失、不合格品损失等。通过量化这些损失，企业能够更清晰地判断导致生产效率低下的原因。

二是提升设备利用率。OEE 指标从设备运行时间、运行速度及产出品质量三个方面，反映设备的效率。企业可以据此调整生产计划，减少设备闲置，提高设备的利用率和产出。

三是优化生产流程。通过 OEE 指标的分析，企业可以发现生产流程中的瓶颈，从而优化工艺流程，减少浪费，提高生产效率及产能。

四是改善设备管理。通过统计分析 OEE 指标，企业可以预测设备的维护需求，采取预防性维护策略，减少突发故障的发生，延长设备寿命。

五是降低生产成本。通过统计分析 OEE 指标，企业可以降低生产过程中的材料浪费和维护成本，还能提升单位能耗产出、降低设备折旧成本。

六是提供决策数据。OEE 指标的统计，为企业提供了生产效率及产能的量化基础数据，可以帮助企业更准确地设定产能目标、考核生产绩效，并为企业制定中长期战略规划、设备更新或生产线升级提供决策数据。

七是提升顾客满意度。通过统计分析 OEE 指标，企业可以更合理地优化和平衡生产效率与产品质量之间的关系，确保在及时交付和产品质量之间取得最佳的平衡，进一步提升顾客满意度和企业声誉。

114. 影响制造业企业设备综合效率（OEE）的关键要素有哪些？

影响制造业企业设备综合效率（OEE）的关键要素主要包括以下几个方面。

一是时间开动率（也称为可用率）。时间开动率从使用时间的角度分析了设备（或产线）的使用效率，其计算方法通常为实际开动时间除以理论开动时间。影响时间开动率的因素通常包括生产订单或原材料不足、设备故障、临时停电等。除此之外，设备的定期保养、检修等也是影响时间开动率的关键因素。

二是性能开动率（也称为性能稼动率）。性能开动率反映了设备实际能够在多大程度上按照理论速度运行，其计算方法通常为加工数量乘以理论加工周期再除以设备的开动时间。所有可能干扰设备（或产线）运行速度的因素，例如设备老化、不同的生产过程之间节拍不均衡或者人员操作失误导致的速度损失等，都会影响性能开动率。

三是合格品率（也称为价值稼动率）。合格品率反映了设备（或产线）产生的实际价值，其计算方法通常为合格品数量除以加工数量。影响该数值的因素通常包括产品工艺波动、原材料异常和环境因素变化等。

115. 推动制造业企业高端化发展的背景是什么？

《制造业卓越质量工程实施意见》提出，“到 2025 年，我国制造业质的有效提升取得积极进展……中高端产品的比例快速增大”“到 2027 年，我国制造业质量水平显著提升，企业质量管理能力显著提高，产品高端化取得明显进展”。高端化通常指企业处于制造业价值链的高端环节，依靠高新技术和高端装备的优势赢得市场竞争，具有技术含量高、知识密集、附加值高、成长性好、关键性强、带动性大的特点。提出推动制造业企业高端化发展是应对国内外挑战、实现可持续发展的必然选择，其主要背景如下。

从全球来看，制造业正重新成为全球竞争的焦点。纵观全球，拥有强大国际话语权和经济影响力的国家，无不在制造业关键核心领域占据领先地位。当前，新一轮科技革命和产业变革蓬勃发展，大国竞争和博弈日益加剧，逆全球化思潮抬头，全球产业链、供应链深度调整，中国制造处于新的关键时期。我国想要在激烈的国际竞争中脱颖而出，必须推动制造业高端化发展，向全球价值链中高端迈进。

从国内来看，高端化是走向制造强国的必由之路。我国拥有全世界最完整的产业体系，制造业总体规模连续 14 年保持全球第一。但制造业“大而不强”“全而不精”的问题依然突出，低端产能过剩和高端产品依赖进口并存，创新能力薄弱，产业基础不牢。中国制造要由大走向强，必须坚持高端化，推动传统制造业转型升级，打造技术水平高、竞争力强的先进制造业，巩固提升竞争优势。

116. 如何提升制造业企业的高端化程度？

《制造业企业质量管理能力评估规范》中，高端化程度是通过技术先进性、顾客档次或产品档次等因素综合评价的，其计算公式为：

To B 企业：$H=X\times Y$

To C 企业：$H=X\times Z$

其中，H 为高端化程度得分；X 为技术先进性得分；Y 为顾客档次得分；Z 为产品档次得分。

根据产品面向的顾客类型的不同，高端化程度指标的计算分为 To B 和 To C 两种方法。To B 企业提供满足供给侧需求的产品，产品档次通过顾客档次反映；To C 企业提供满足消费侧需求的产品，产品档次通过单位产品出厂价反映。如果企业同时具有 To B 和 To C 两类业务，可以分别计算并取其中的最大值。

由上述计算公式可以看出，提升制造业企业的高端化程度，可以通过提高技术先进性、顾客档次或产品档次来实现。

一是提升技术先进性。从产品技术水平的角度讲，高端化程度是指企业按细分市场、产品附加值率与产品技术水平的综合评价，企业需关注产品技术是否达到国内领先水平，直至达到国际领先水平。

二是提升顾客档次。从顾客档次的角度讲，高端化程度是指对企业拥有的顾客资源在国际或国内所处水平与产品技术水平的综合评价。企业需关注是否拥有国内 500 强顾客或者顾客是否为该领域区域的龙头企业，是否拥有全球 500 强顾客或者顾客是否为该领域内国家 / 行业的龙头企业。

三是提升产品档次。从产品档次的角度讲，高端化程度是指对单位产品出厂价与产品技术水平的综合评价，企业需要关注单位产品出厂价是否超过了行业平均水平。

117. 怎样理解市场占有率对制造业企业发展的重要意义？

市场占有率是指企业某一产品（或品类）的销售量（或销售额）在市场同类产品（或品类）中所占比重，是衡量企业在特定市场中相对于竞争对手的规模和竞争地位的重要指标，是制定企业战略规划和市场定位策略的关键因素，其重要意义主要包括以下几个方面。

一是能够帮助企业识别产品质量改进的方向。市场占有率的高低反映了顾客对企业产品和质量的认可，企业通过对市场占有率的分析，可识别顾客对企业产品及质量的满意程度，从而指导企业开展适宜的质量改进活动。

二是能够帮助企业制定市场竞争策略。较高的市场占有率可以增强企业在供应链中的议价能力，降低单位成本，改善成本结构和利润空间，提升品牌知名度，增强企业的行业影响力，有助于企业建立行业内的领导地位。企业可以通过分析市场占有率的变化趋势，制定相应策略，如增加广告宣传、提高产品质量、优化销售渠道等。

三是能够帮助企业实现可持续发展。企业可根据市场占有率的变化，了解其未来业务增长的空间和趋势，识别企业与竞争对手相比的优势和劣势，打造差异化竞争优势，实现可持续发展。

118. 影响制造业企业市场占有率的关键因素有哪些？

影响制造业企业市场占有率的关键因素如下。

一是理解市场和顾客需求。企业需要开展深入的市场调研和分析，了解竞争对手，识别和理解客户的需求、偏好（包括潜在的、未来的需求和偏好），并引导顾客需求，制定适宜的产品策略，开展差异化竞争，提升市场占有率。

二是提升产品和服务质量。企业需要持续推进核心技术的研发创新，快速响应顾客需求，不断提高产品和服务质量，为市场提供适销对路、物美价廉的产品和服务，提升市场占有率。

三是加强市场营销和渠道拓展。企业需要制定适宜的市场营销策略，通过广告、公关和社交媒体等多种渠道开展品牌宣传推广，提高品牌曝光度和认知度。企业需要不断拓展线上和线下销售渠道，与合作伙伴建立紧密的合作关系，扩大企业的市场覆盖范围，提升市场占有率。

四是加强顾客关系管理。企业需要建立有效的顾客关系管理系统，更好地收集和统计分析顾客需求，为顾客提供个性化服务，增强顾客忠诚度和满意度，提升市场占有率。

五是加强供应链管理。企业需要建立高效稳定的供应链，才能保证产品的及时交付和质量，增强企业的市场竞争力，提高市场占有率。

119. 制造业企业关注顾客保留率和忠诚度的主要目的是什么？

顾客保留率和忠诚度是评价顾客对企业产品或服务满意程度的关键指标。制造业企业关注顾客保留率和忠诚度的主要目的如下。

一是确保收入稳定性。忠诚的顾客不仅有助于企业维持稳定的销售收入，还能够帮助企业预测未来的产品收入，从而支持企业制定更为稳健和长远的业务规划。

二是降低营销成本。相较于获取新顾客，保留现有顾客所需的营销投入通常更低。通过提升顾客保留率和忠诚度，企业能够更有效地利用营销资源，降低营销成本。

三是维护品牌声誉。忠诚的顾客往往成为品牌最坚定的拥护者和传播者，他们会积极推荐企业的产品和服务，帮助企业吸引更多新顾客，逐步扩大市场份额，提高企业或品牌的声誉。

四是提高顾客满意度。建立良好的顾客关系，可以帮助企业更好地了解顾客的需求、偏好和反馈，有助于企业精准定位市场，持续优化产品和服务，更好地满足顾客需求。

五是增强竞争优势。保留忠诚顾客，可以降低由竞争对手的进攻性市场策略而导致的市场份额损失风险，增强企业的市场防御能力，并为其在行业中保持领先地位提供有力支撑。

120. 如何提高制造业企业的顾客保留率和忠诚度？

提高制造业企业的顾客保留率和忠诚度的方法如下。

一是提升产品质量。通过不断研发、测试和改进，确保产品不仅符合基本标准，还能超越顾客期望，以此建立坚实的产品信任基础，赢得顾客的信任和满意。

二是提高服务水平。构建全方位、多渠道的顾客服务体系，包括电话热线、电子邮件支持、即时在线聊天和社交媒体互动等，确保顾客能便捷地获取帮助。同时，深入分析顾客反馈数据，可以迅速响应并优化服务流程，以卓越的顾客体验提升其满意度和忠诚度。

三是建立顾客关系管理系统。利用该系统定期与顾客进行沟通，包括一对一访谈或市场调研等方式，深入了解顾客需求与偏好，确保产品或服务适应市场变化，满足顾客需求。

四是制订忠诚计划。通过制订忠诚计划或实施会员制度为顾客提供附加服务，例如积分兑换、会员专享优惠、增值服务（如免费培训、技术支持）等，激励顾客持续选择并推荐企业的产品或服务，增强顾客黏性。

五是保持技术创新。紧跟行业动态，积极引入新技术、新材料，不断升级产品功能与质量，保持企业的创新竞争力。通过持续的产品迭代，满足顾客日益增长的多元化需求，巩固市场地位。

六是建立良好的品牌形象。通过宣传品牌故事向顾客传递品牌价值观，形成品牌认同感和归属感。同时，确保品牌信息、价值观和承诺在所有触点上保持一致，提升品牌形象的整体性和可信度，增强顾客对企业的认同感和忠诚度。

八、标准附录

121. 常见的质量管理标准有哪些？

作为全球标准化领域最重要的非政府性组织，国际标准化组织（ISO）制定了一系列关于质量管理和质量保证的国际标准，旨在提供建立和实施质量管理体系的基本要求，我国也将这些标准转化为国家标准，等同采用。在这些标准中，最重要的是以下 4 个核心标准。

一是 GB/T 19000—2016《质量管理体系　基础和术语》，阐述了质量管理体系的基本概念和术语，以及 GB/T 19000（ISO 9000）族标准中质量管理体系的基础知识。

二是 GB/T 19001—2016《质量管理体系　要求》，规定了质量管理体系的要求，适用于需要证实其具有稳定提供满足顾客需求和适用法律法规要求的产品及服务能力的企业。

三是 GB/T 19004—2020《质量管理　组织的质量　实现持续成功指南》，提供了组织在复杂、严峻和不断变化的环境中实现持续成功的指南，帮助组织提高其整体业绩和市场竞争力。

四是 GB/T 19011—2021《管理体系审核指南》，提供了不同类型的组织和不同范围的管理体系的审核指南，包括审核方案的管理、审核实施和审核员资格要求等。

同时，还有其他一些标准用于提升组织的质量管理实施的有效性，典型的包括：GB/T 19010—2021《质量管理　顾

客满意　组织行为规范指南》、GB/T 19012—2019《质量管理　顾客满意　组织投诉处理指南》、GB/T 19023—2003《质量管理体系文件指南》、GB/T 19024—2008《质量管理　实现财务和经济效益的指南》以及 GB/T 19025—2023《质量管理　能力管理和人员发展指南》等。

除此之外，还有其他一些针对特定行业的质量管理标准，如针对汽车行业的 IATF 16949 标准、专为航空工业及其供方开发的 AS 9000 标准，以及专门为军工产品和服务而设立的质量要求 GJB 9000 标准等。

本书主要涉及的标准如表 8-1 所示。

表 8-1　本书主要涉及的标准

标准号	国际标准号	中文标准名称
GB/T 19000—2016	ISO 9000: 2015	质量管理体系　基础和术语
GB/T 19001—2016	ISO 9001: 2015	质量管理体系　要求
GB/T 19004—2020	ISO 9004: 2018	质量管理　组织的质量　实现持续成功指南
GB/T 19010—2021	ISO 10001: 2018	质量管理　顾客满意　组织行为规范指南
GB/T 19011—2021	ISO 19011: 2018	管理体系审核指南
GB/T 19012—2019	ISO 10002: 2018	质量管理　顾客满意　组织投诉处理指南
GB/T 19023—2003	ISO 10013: 2001	质量管理体系文件指南
GB/T 19024—2008	ISO 10014: 2006	质量管理　实现财务和经济效益的指南

续表

标准号	国际标准号	中文标准名称
GB/T 19025—2023	ISO 10015: 2019	质量管理　能力管理和人员发展指南
T/CESA 1281—2023 T/CCSA 458—2023 T/CITIF 007—2023 T/CMIF 900—2023 T/CISA 341—2023 T/CPCIF 0286—2023 T/CNLIC 0111—2023 T/CNTAC 175—2023 T/CBMF 231—2023 T/CNIA 0219—2023	—	制造业企业质量管理能力评估规范
T/CESA 1174—2021	—	企业信息化和工业化融合度评价要求